수납 못하는 사람을 위한
수납책

띄우고
세우고
눕힌다

수납 못하는 사람을 위한

수납책

아카쿠 유리 지음 | 정문주 옮김

즐거운상상

- 개별 제품명 옆에 괄호로 기재된 이름은 일본 내에서 판매되는 브랜드입니다.
- 사진 속 라벨링 일본어 글씨는 이해를 돕기 위해 일부만 한국어로 표기했습니다.

그 자리에서 후딱!

하는 김에 척척!
힘들 일이 없다!

가족과 집안일을 분담

아이들도
스스로 척척!

낭비가 사라진다

집 안 물건을
한눈에 파악!

늘 깔끔하게
집안일을 쉽게

Prologue
정리가 안 되는 건
'사람 탓'이 아니라 '수납 탓'입니다

정리 정돈이 어려워 한숨짓는 분들께.

저도 한때는 금방 어질러지는 집을 보며 답답해했습니다. 그래서 '바쁘니까', '가족이 어지르니까'라고 말하는 여러분의 심정을 잘 알아요.

수납 공부를 하며 블로그에 제 방법을 소개했더니 순식간에 18만 명이 방문했습니다. '나처럼 수납을 고민하는 사람이 많구나!' 하고 정리 수납 어드바이저가 되어 가정과 기업의 수납을 돕고, 세미나와 강좌를 열고 있습니다.

TV에 출연했을 때도 '집 정리로 힘들어하는 사람이 얼마나 많은지' 다시 한 번 실감했습니다. 집 정리에 실패하는 이유는 개인의 능력 탓도, 바빠서도 아닙니다. '수납 시스템'이 없어서입니다. 물건을 정리하고, 사용 빈도와 용도 등을 따져서 최적의 장소에 수납하기만 하면 정리가 어려울 이유가 없습니다. 바로 '수납 시스템의 힘'입니다.

수납에 필요한 기법은 '띄우기', '세우기', '눕히기' 세 가지뿐입니다. 단순한 세 가지 기법으로 쾌적한 공간을 만들어 보세요.

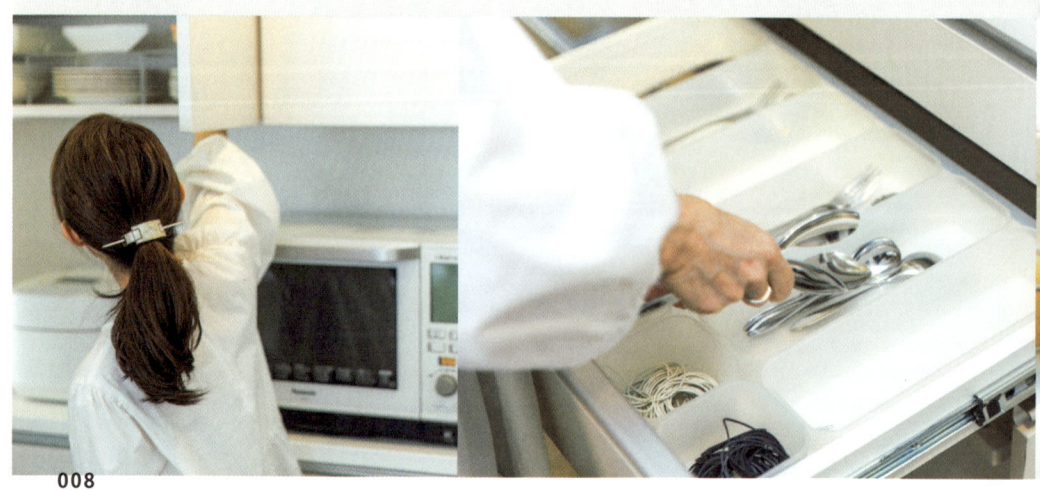

띄우기, 세우기, 눕히기로
공간과 시간이 여유로워집니다

이 방법을 적용하면, '늘 정리 정돈에 실패'하던 사람도 충분히 잘할 수 있습니다. 지금까지 제가 도와드린 곳에서 재의뢰가 없었던 이유는 다들 수납 시스템을 제대로 이해했기 때문입니다. 전문가의 손을 빌리지 않고도 깔끔한 상태를 유지할 수 있게 된 거지요.

지금 여러분 곁에 있는 물건을 아무거나 집어 보세요. 그 물건은 세 가지 수납 방법 중 무엇을 선택해야 제자리에 가져다 놓을 때 귀찮지 않을까요? 바로 그것을 알려드립니다. 수납을 잘하면 라이프 스타일이 크게 달라집니다.

한 페이지, 한 페이지 읽을수록 '이렇게 쉬우면 나도 할 수 있겠네!', '이참에 우리집도 정리 좀 해 보자.'라는 생각이 들어 당장 시작하고 싶은 마음이 생길 거예요.

자, 여기 띄우기, 세우기, 눕히기 기법을 담은 《수납 못하는 사람을 위한 수납책》이 있습니다. 당신 앞에 새로운 세상이 펼쳐질 거예요.

Contents

누구나 이런 생각 한 번쯤 하지 않나요? … 005
Prologue 정리가 안 되는 건 '사람 탓'이 아니라 '수납 탓'입니다 … 008
띄우기, 세우기, 눕히기로 공간과 시간이 여유로워집니다 … 009

PART 1 수납 시스템 만들기
물건 정리와 수납의 대전제

수납이란 '평생 정리 못 하는 사람'에서 벗어나기 … 016
수납이란 '필요한 물건을 필요할 때 꺼낼 수 있는' 상태 만들기 … 018
분류 쓸 물건, 좋아하는 물건만 고르기 … 020
수납 시스템 구역 설정하기 - 조닝 … 024
수납 시스템 같이 쓰는 물건 모으기 - 그루핑 … 026
수납 시스템 사용 빈도에 따라 '위치 정하기' … 028
수납 시스템 칸을 나누고 '한 칸에 하나만 수납' … 030
수납 시스템 '라벨링'으로 뒤섞임 방지 … 032
잘못된 수납 '숨기고' '깊숙이 넣으면' 역효과 … 034
정리 정돈 쓰고 돌려놓기만 하면 끝 … 036
장소별 포인트 수납 시스템 만들기 … 038
장소별 포인트 적재적소에 띄우고, 세우고, 눕히기 … 040
COLUMN '임시 수납 장소'를 만든다 … 042

PART 2 띄우는 수납
바로 꺼내고 즉시 돌려놓는다

기본 띄우는 수납만의 장점, '공간 창조력' … 044
기본 01 리모컨은 상판 아래에 … 048
기본 02 흡착식 후크로 스마트폰 띄우기 … 049
기본 03 북엔드를 주걱 거치대로 쓰기 … 050
기본 04 북엔드로 커피 필터 띄우기 … 050
기본 05 현관문에 이것저것 띄우기 … 051
기본 06 압축봉으로 쓰레기봉투 띄우기 … 052
기본 07 압축봉으로 선반 만들기 … 053
현관 08 슬리퍼는 넣고 빼기 쉽되 보이지 않는 곳에 수납 … 054
현관 09 바로 꺼내쓰는 마스크 수납 … 055
현관 10 열쇠 찾는 시간이 사라진다 … 055
현관 11 청소도구 수납공간이 없을 땐 문 뒤에 띄우기 … 056
현관 12 사용 전, 후의 우산은 나눠서 수납 … 058
현관 13 모자는 신발 걸이에 띄우기 … 059
현관 14 크고, 구르고, 지저분한 공은 그물 수납 … 059
옷장 15 옷장 조닝은 클립으로 … 060
COLUMN 원피스 길이 1/2로 줄이는 법 … 061
옷장 16 압축봉으로 옷장 대체하기 … 062
옷장 17 넥타이가 미끄러지지 않는 쉽고 확실한 수납법 … 063
옷장 18 임시 거치로 시간도 아끼고 주위도 깔끔하게 … 063
세탁실·세면대 19 세면대 주위야말로 띄우는 수납 … 064
세탁실·세면대 20 표면이 클수록 벽에 띄우기 … 066
세탁실·세면대 21 청소하기 쉬워야 배수구가 깨끗해진다 … 066
세탁실·세면대 22 젖은 물건은 띄워서 말리기 … 067
세탁실·세면대 23 안경 거치대로 세면대를 더 말끔하게 … 068
세탁실·세면대 24 수납하기 어려운 모양은 자석으로 붙이기 … 067
세탁실·세면대 25 머리 끈은 사용하는 장소마다 거치대 마련 … 069
세탁실·세면대 26 재촉하지 않고 시간 알려주기 … 069
COLUMN 양문형 세면대 수납장 문 이용법 … 070

욕실 27 욕실용품은 모두 띄워서 깔끔하게 … 072
욕실 28 띄워서 수납하면 집안일 분담이 쉽다 … 074
화장실 29 북엔드로 선반 띄우기 … 075
화장실 30 청소 도구는 집기 쉽고 보이지 않게 … 076
주방 31 키친타월은 띄워서 꺼내기 쉽게 … 077
주방 32 서랍 안 수납 요령으로 조리 시간을 짧게 … 077
주방 33 사용 장소 가까이에 수납하면 편리 … 078
주방 34 레인지 후드 옆면에도 띄워서 수납 … 078
주방 35 자주 쓰는 물건일수록 바로 꺼낼 수 있게 … 079
주방 36 주방에서 쓰는 물건은 주방에 수납 … 079
아이 방 37 원아 수첩, 펜 등은 한 군데에 띄워서 수납 … 080
아이 방 38 아이 키에 맞춰 게시판 띄우기 … 080
거실·다이닝 룸 39 티슈는 보이지 않는 곳에 … 081
거실·다이닝 룸 40 전기코드를 띄울 때 본체 이용 … 082
거실·다이닝 룸 41 벽에 걸어 충전하면 스마트폰 코드도 깔끔 … 082
거실·다이닝 룸 42 TV 청소 도구는 TV 뒤에 … 083
거실·다이닝 룸 43 베란다용 슬리퍼는 띄워서 수납 … 083
아이방 44 여분의 물품 옆에 확인표 띄우기 … 084
작업공간 45 서류는 잘 보이게 띄워서 잊지 않도록 … 085
COLUMN 우편물, 서류용 '임시 수납 장소'를 만든다 … 086

PART 3 세우는 수납
일목요연하며 관리하기 쉽다

기본 세우면 한눈에 파악된다 … 088
기본 46 일회용 비닐봉지는 압축봉으로 세우기 … 091
기본 47 스케이트 보드는 도마꽂이로 세우기 … 092
기본 48 조리 도구는 위에서 내려다보도록 … 093
옷장 49 옷은 접은 뒤 세워서 수납 … 094
옷장 50 양말 수납에는 보조 도구 활용 … 094
COLUMN 세워서 수납할 때 옷 개는 법 … 095

옷장 51 지지 도구 이용해 가방 세우기 … 100
옷장 52 의류 케어 용품은 옷장 한구석에 … 100
세탁실·세면대 53 세제를 즉시 보충하는 여분 수납법 … 101
세탁실·세면대 54 세면대 주위에는 다양한 크기의 수납함을 … 102
세탁실·세면대 55 바로 꺼낼 수 있는 높이에 세워야 화장이 편하다 … 102
냉장고 56 냉동 식재료는 소비기한이 보이게 수납 … 103
냉장고 57 투명 트레이로 식재료 파악을 쉽게 … 104
냉장고 58 채소는 세워서 '한눈에 보이게' … 104
주방 59 양념 병은 뚜껑에 라벨링 … 105
주방 60 간식은 큰 포장에서 꺼내 낱개 포장으로 진열 … 106
주방 61 재난 대비 비상식량도 소비기한 내에 먹도록 … 106
주방 62 봉지에서 꺼내 분류하면 한 동작으로 꺼낼 수 있다 … 107
주방 63 잡다한 물건일수록 누구든 되돌려놓기 쉽게 … 107
아이 방 64 아이가 쓰기 편해야 잘 챙긴다 … 108
아이 방 65 컬러 스티커로 형제 물건을 구분 … 109
아이 방 66 옷을 세워 수납하면 혼자서도 찾아 입는다 … 109
거실·다이닝 룸 67 구급 물품은 칸막이 상자로 한눈에 파악되게 … 110
선반·벽장 68 자잘한 공구, 못 등은 지퍼백 활용 … 111
선반·벽장 69 벽장은 안쪽과 바깥쪽으로 나눠 수납 … 112
선반·벽장 70 종이봉투는 크기를 셋으로 나누고 최대량을 정한다 … 113
선반·벽장 71 종이 상자는 직접 만든 보관함으로 편하게 이동 … 113
COLUMN 매트리스 커버와 이불도 세워서 수납 … 114

작업 공간 72 서류는 10초 안에 꺼낼 수 있게 … 116
작업 공간 73 가끔 보는 사용 설명서는 보증서와 함께 개별 폴더에 … 117
선반·벽장 74 문구를 집기 위한 별도 동작 없애기 … 117
COLUMN 바퀴를 달아서 '움직이는' 수납으로 … 118

PART 4 **눕히는 수납**
누구나 따라 할 수 있는 쉬운 수납법

기본 가장 쉬운 수납법은 '눕히는 수납' … 120
기본 75 서랍 안에 식기를 눕혀 수고 덜기 … 123
기본 76 액세서리는 섞이지 않도록 소품 정리함에 … 123
기본 77 페트병은 북엔드로 눕히고 겹치기 … 124
기본 78 주방 선반 데드 스페이스에 압축봉을 … 125
현관 79 압축봉을 선반으로 변신시켜 신발 수납공간 늘리기 … 126
현관 80 쉽게 찾을 수 있는 제자리 라벨링 … 127
현관 81 신발 관리 용품은 그루핑 후, 신발 주변에 … 127
현관 82 자주 신는 슬리퍼는 바퀴 달린 대차에 올려 숨기기 … 128
옷장 83 무늬가 보이게 수납해 뒤적이지 않도록 … 129
옷장 84 세우기 어려운 스웨터는 같은 색끼리 모으기 … 129
세탁실·세면대 85 수건은 용도별로 정해둔 자리에 … 130
COLUMN 수건 개는 법 … 131

세탁실·세면대 86 화장품은 경사지게 놓아 아침 준비 시간 단축 … 132
세탁실·세면대 87 화장품 샘플은 투명 상자에 보관 후, 남김없이 쓰기 … 132
세탁실·세면대 88 매일 쓰는 물건일수록 넣고 빼기 쉽게 … 133
세탁실·세면대 89 칸막이로 머리 끈도 각각 분류 … 133
주방 90 수저류는 한 칸에 한 종류씩 … 134
주방 91 ㄷ자 랙으로 접시 두 배 수납 … 135
주방 92 통조림은 세우지 말고 눕혀야 편리 … 136
COLUMN 비닐봉지 접는 법 … 136

아이 방 93 가정통신문과 준비물 제자리 정하기 … 137
아이 방 94 장난감은 한 곳에 한 종류 수납공간만큼만 보유 … 138
아이 방 95 문구는 종류별로 칸을 만들고 제자리에 … 138
선반·벽장 96 계절 용품은 뚜껑, 바퀴를 이용해 넣고 빼기 쉽게 … 139
COLUMN 추억 상자 만들기 … 140

EPILOGUE **수납 덕에 누리는 생활의 여유**
시스템이 답이다

Epilogue 쾌적함이란 무엇인가? … 142
물건을 선택한다는 것은 어떻게 살지 선택하는 것 … 146

PART
1

수납 시스템 만들기

물건 정리와 수납의 대전제

뭘 어디에 수납하면 돼?
어떻게 하면 집이 깔끔하게 유지되는데?
의문은 일단 접어두세요.
PART 1을 읽으면
수납 시스템의 기본을 알게 될 테니까요.

> 수납이란?

'평생 정리 못 하는 사람'에서 벗어나기

수납 이야기를 하기 전에 이 질문에 답해 보세요.
'나는 어떻게 살고 싶은가?'
또는 이렇게 물어보세요.
'나는 어떤 사람이기를 원하는가?'
'하고 싶지 않은 일은 무엇인가?'
실현 불가능한 목표라도 좋습니다. 뭐든 자유롭게 떠올려 보세요. 써 보면 더 좋습니다. 지금부터 시작할 수납이 바로 여러분의 이상을 실현해 줄 겁니다.

저는 그 이상을 '중심축'이라 부릅니다. 사람은 저마다 중심축을 가지고 있습니다. 오래전 어르신들이 가르친 반듯한 정돈 방식이나 요즘 인스타그램에서 시선을 끄는 화려한 집을 모두가 좋아하는 것은 아닙니다.

물론 누구나 '잘 정리하고 싶다'라는 욕구는 있을 겁니다. 그런데 한발 더 나아가 '왜 정리하는가?' 하는 질문을 던져 보세요. 가족과 같이 사는 분들은 함께 이야기를 나눠보면 더 좋습니다. 그것이 정리, 수납의 기준이 될 것입니다.

'정리를 위한 정리'가 되면 모두에게 고통이 됩니다. 하지만 자신에게 이상적인 삶이 기준이라면 이야기는 달라지지요.

많은 사람이 정리, 수납에 빠져드는 이유는 자신의 이상이 눈앞에서 실현되기 때문입니다. 집 안의 한 귀퉁이, 아무리 작은 공간에서라도 그런 감동을 한번 맛보고 나면, 다시는 '정리 못 하는 사람'으로 되돌아가지 않습니다. 버리지 못한 물건이 집 안에 넘쳐나 정리를 포기했던 사람도 자기 중심축을 적용하면 이번에야말로 해결할 수 있습니다.

방법은 지극히 간단합니다. 돈도 별로 들지 않아요. 어떤 집, 어떤 물건도 정리할 수 있습니다.

먼저 '행복한 삶'을 상상해 봅시다

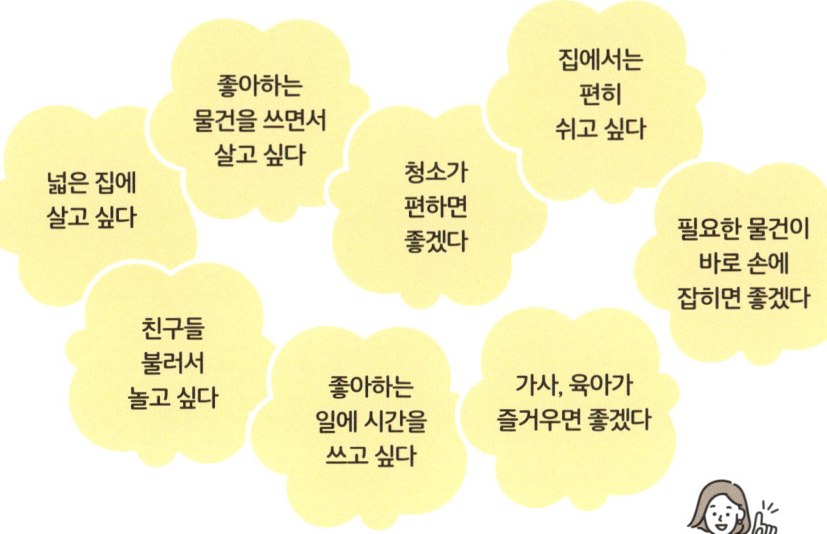

이런 게 자기 중심축이에요.
중심축이 분명하면 좋아하는 물건, 소중한 물건, 쓰고 싶은 물건 속에서 쾌적하고 행복한 삶을 누릴 수 있습니다.

중심축(기준)이 없으면

중심축이 있으면

> 수납이란?

'필요한 물건을 필요할 때 꺼낼 수 있는' 상태 만들기

  이 책은 '매일 애쓰지 않아도 자동으로 정리되는' 시스템을 만드는 방법을 소개합니다. 시스템을 한 번 만들면 어떤 집, 어떤 라이프 스타일이든 가족이 늘고, 이사를 하는 등 환경이 변해도 원하는 방향으로 시스템을 다듬을 수 있습니다. 또 처음 만든 시스템이 허술하더라도 더 편한 방향으로 업데이트할 수 있게 됩니다.

  다들 '정리가 안 된다'라고 하는데 원인은 수납 시스템입니다. 수납 장소와 배치 방식, 수납할 물건의 양 같은 것이지요. 시스템을 만들면 필요한 물건을 필요할 때 필요한 만큼 꺼낼 수 있고, 다 쓴 뒤에는 자연스럽게 제자리에 돌려놓을 수 있어 정리하려 애쓰지 않아도 저절로 정리되는 마법을 경험할 수 있습니다.

  바로 그 시스템 만들기는 20페이지부터, 구체적인 수납 기법은 PART 2에서 소개하는데, 그 전에 할 일이 있습니다. 바로 '분류'입니다.

  분류란, '필요한 것', '좋아하는 것'과 그렇지 않은 것을 구별한 뒤 '필요 없는 것', '좋아하지 않는 것'을 처분하는 일입니다. 남긴 물건도 사용 빈도, 좋아하는 정도에 따라 나눈답니다. 이렇게 집 안 물건을 취사선택할수록 수납은 쉬워집니다.

  그러니 시스템 만들기의 순서는 '분류'가 먼저, '수납'이 나중인 겁니다. 이렇게만 하면 자연히 집은 깨끗해집니다. 하지만 이 순서가 아니면 체계 잡기도 어려워질 뿐 아니라 애써 치워도 금방 어질러지고, 청소하기 어려워지는 악순환에 빠지게 됩니다.

  지금껏 집 정리에 실패한 분, 온갖 수납법을 시도했지만, 원래대로 되돌아간 분이 있다면 안심하세요. 이 책에 나온 순서대로 시스템을 만들면 되니까요.

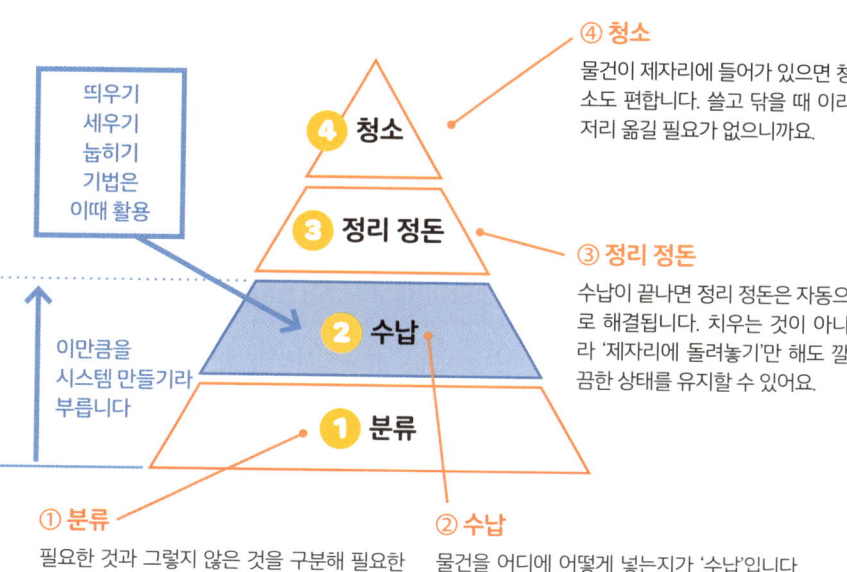

시스템 만들기 순서

④ 청소
물건이 제자리에 들어가 있으면 청소도 편합니다. 쓸고 닦을 때 이리저리 옮길 필요가 없으니까요.

③ 정리 정돈
수납이 끝나면 정리 정돈은 자동으로 해결됩니다. 치우는 것이 아니라 '제자리에 돌려놓기'만 해도 깔끔한 상태를 유지할 수 있어요.

띄우기 세우기 눕히기 기법은 이때 활용

이만큼을 시스템 만들기라 부릅니다

① 분류
필요한 것과 그렇지 않은 것을 구분해 필요한 물건만 남깁니다. 물건이 적을수록 쉽지요.

② 수납
물건을 어디에 어떻게 넣는지가 '수납'입니다. 잘된 수납은 쾌적한 삶으로 이어져요.

이 책의 수납 비결을 실천하면

삶이 쾌적해진다
- 물건을 찾을 필요가 없다
- 집이 넓어져 편히 쉴 수 있다
- 언제든 손님을 초대할 수 있다
- 하고 싶은 일을 당장 시작할 수 있다
- 이동 거리가 줄어든다

돈 낭비가 줄어든다
- 있는데 또 사는 일이 없다
- 뭘 사야 할지 분명하다
- 대충 사지 않는다
- 있는 물건을 소중히 다루게 된다
- 최소한의 물건으로 생활하게 된다

집안일이 편해진다
- 집안일 속도가 빨라진다
- 필요한 물건을 바로 쓸 수 있다
- 청소가 쉽다
- 정리 정돈이 금방 끝난다
- 귀찮은 마음이 사라진다

가정이 화목해진다
- 가족이 집안일을 자기 일로 여긴다
- 가족 모두 적극적으로 집안일에 참여한다
- 아이들도 스스로 할 수 있다
- 가족이 함께 보낼 시간이 늘어난다
- 대화가 늘어난다

쓸 물건, 좋아하는 물건만 고르기

　그럼, 분류를 시작해 볼까요? 필요한 것과 그렇지 않은 것으로 나누어 지금 쓰는 물건만 남기는 것이 좋습니다.

　아까운 생각이 들 수도 있지만, 필요 없는 물건을 끌어안고 살기에는 인생이 아깝습니다. 귀중한 공간을 물건이 차지하게 되니까요. 넘쳐나는 물건 속에서 사느라 집 정리가 인생의 숙제가 된다면 본말이 전도된 것입니다.

　'버리는' 것이 아니라 필요한 물건, 좋아하는 물건을 '골라 가지기'라고 생각해 보세요. 그리고 처음에 정한 중심축을 다시 떠올려 보세요. 그 기준으로 집 안 물건을 새롭게 선별해 보는 겁니다.

　먼저, 장소를 한 군데 정하고 그 안에 있는 물건을 몽땅 꺼내세요. 현관, 욕실처럼 장소 전체도 좋고, 서랍 한 칸도 상관없습니다. 좁은 공간일수록 단시간에 해결할 수 있으니 처음에는 좁은 공간을 노리세요.

　물건을 다 꺼냈으면 필요한 것, 좋아하는 것을 고르세요. '하나의 용도에 대해 물건 하나가 한 군데에 있으면 충분하다'라는 기준을 적용하세요. 좋아하는 물건을 고를 때는 '지금 이 물건을 살 수 있다면 또 살까?'라는 기준을 적용하면 됩니다. 그래도 물건이 많다면, 1위부터 등수를 매겨 수납할 수 있는 양만 남깁니다. 적정량이 궁금하다면 다음 페이지의 제안을 참고하세요.

　가족이라도 자기 물건 외에는 함부로 판단하지 않도록 주의해야 합니다. 그리고 필요한 것과 좋아하는 것의 기준은 '지금'입니다. '언젠가 필요할 것'이라는 미래나 '비싸게 주고 샀다'라는 과거는 머릿속에서 지워버리세요.

　이렇게까지 했는데도 판단하기 어렵다면 일단 보류합니다. 하지만 필요한 것, 좋아하는 것과는 구별해서 별도 장소에 모아두세요.

적정량 정하기 ① 사용 빈도 기준

**'한 번에 쓰는 양 X 가족 수
X 주기'로 계산**

4인 가족의 수건은 '하루 한 장 사용 X 네 명 X 세탁 주기(일)'로 기본 수량을 산출할 수 있어요. 건조 시간이 필요할 테니 하루치만 더 있으면 적정량입니다.

**하나의 용도에 대해
한 장소에 한 개만**

극단적으로 말하면, 한 가지 용도에 대해 물건은 하나만 있으면 됩니다. 하지만 현관과 거실에서 다 가위를 쓴다면 두 개가 있어야 합니다. 이런 식으로 개수를 줄이고 여분의 물건은 처분합니다.

**물건 한 종류당
여분은 하나만**

식품이나 세제 여분은 한 종류당 하나면 족합니다. 그 이상은 아무리 싸더라도 사지 마세요! 양념류는 저장하지 말고 조금 남았을 때 사면 됩니다.

적정량 정하기② 수납공간 기준

허용된 공간의 80%까지만 수납

사용 빈도로 적정량을 산출하기 어려운 물건은 수납공간을 기준으로 가늠할 수 있습니다. 이 경우, '수납공간의 80%까지'가 적정량입니다. 냉장고라면, 한 단 정도 비워둡니다.

옷걸이는 '옷장 폭÷3'개까지

옷을 옷걸이에 걸어 보관할 때 옷걸이 개수는 '봉 길이÷3'개가 적정량입니다(얇은 옷걸이는 ÷2개). 봉 길이가 90cm라면 옷걸이를 30개만 거는 식입니다. 이 이상 옷을 늘리지 않도록 하세요.

점점 늘어나는 취미 용품과 장난감은

자꾸만 늘어나는 물건은 '이 서랍까지', '이 상자 한 개 분량만'처럼 '한계'를 정해두세요. 그 안에 들어가기만 한다면 늘어도 허용하되 넘칠 만하면 다시 취사선택합니다.

연습 지갑으로 분류 연습하기

지갑으로 적정량만 남기는 연습을 해 봅시다. 내용물을 다 꺼낸 뒤, 매일 필요한 것과 그렇지 않은 것으로 나눕니다. 포인트 카드처럼 '쓸 것 같은' 물건이 있더라도 최대 수납량의 80%까지만 남깁니다.

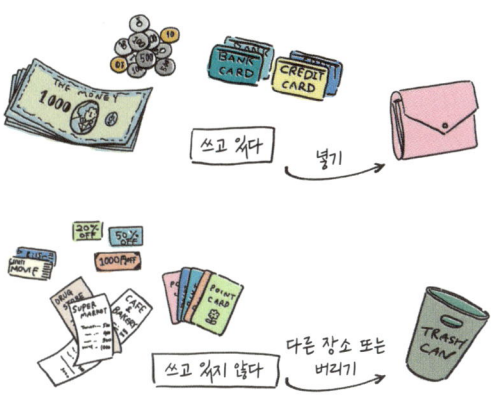

실전 신발 분류하기

비교적 정리하기 쉬운 신발장으로 실전 경험을 쌓아봅시다. 방법은 지갑과 같습니다. 한동안 신지 않은 신발은 과감히 처분. 그래도 남은 양이 많다면 용도나 디자인 중복을 확인하세요.

STEP 1 신발을 모두 꺼낸다
STEP 2 '신고 다닌다', '현재 신지 않는다'로 구분한다
STEP 3 '신고 다닌다'→ 신발장으로
STEP 4 '현재 신지 않는다'→ 처분

실전 옷 분류하기

옷도 방법은 같지만, '좋아하는지'에 대한 판단이 크게 작용합니다. 고민된다면 '지금이라도 같은 옷을 살 의향이 있는지'를 기준으로 판단하세요. 이렇게 했는데도 적정량을 넘는다면 '꼭 남기고 싶은 순'으로 옷장에 겁니다.

`수납 시스템`

구역 설정하기 – 조닝

수납할 때 잘못하기 쉬운 것이 '어디에 무엇을 넣어둘까?'에 대한 판단입니다. '빈자리가 생겨서', '청소 도구는 창고에' 하는 식으로 정하는 분이 많은데, 정리가 힘들어지는 원인이 될 수도 있습니다.

물건을 꺼내러 이동하는 일이 생각보다 부담을 주기 때문입니다. 수납 장소의 정답은 **쓸 자리 바로 옆**입니다. 베란다에서 신을 슬리퍼를 일일이 현관까지 가서 들고 오기는 귀찮으니까요. '그래, 그럼 안 되지.'라고 생각할지 모르지만, 의외로 그런 잘못된 결정을 많이 합니다.

습관이 무섭습니다. 티끌 모아 태산이라고 하지요? 잘못된 결정이 쌓이면 집안일이 힘들어지고 귀찮아지다가 가족 사이마저 삐걱거릴 수 있습니다.

매일 쓰는 물건은 **쓸 자리에서 바로 꺼낼 수 있게** 수납하는 것이 좋습니다. **가능하다면 세 걸음 이내**에 두세요. 그럼 그 자리부터 찾아야 하겠지요?

'누가 어디서 쓸 물건'인지, '누가 무엇을 하는 장소'인지를 따져야 합니다. 그 **동선에 맞추어 수납 장소를 정해보세요.** 이를 조닝(zoning)이라 합니다.

가령, 세탁기 옆에 빨래를 말리는 장소가 있고 **빨래를 말린 자리 옆**에 옷을 수납할 공간이 있다면 편하다는 말입니다.

식기세척기 쓰기가 왠지 불편했다면 그릇의 수납 위치를 바꿔보세요. 식기세척기에서 꺼내 한 발도 움직이지 않고 수납할 수 있도록 하면 식기세척기의 고마움을 열 배는 더 느끼게 될 거예요.

이렇게 물건 하나하나의 위치를 다시 잡아보세요. '위치는 좋은데 자리가 부족할' 때는 PART 2에서 소개하는 수납 기법을 참고하세요. 모든 물건이 사용할 바로 그 자리에 있으면 귀찮음과 노력이 크게 줄어듭니다.

주방 조닝의 예

'여기서 하는 일', '그 일을 하는 데 필요한 것'을 떠올리면 됩니다. 쓸 물건을 쓸 장소로부터 1~3걸음 이내에 수납하세요.

싱크볼 아래
하는 일은?
씻기 / 주방 청소

조리대 아래
하는 일은?
썰기 / 다듬기 / 담기
필요한 물건은?
칼 / 도마 / 재료 보관 용기 / 조리용 도구 / 랩 등

레인지 아래
하는 일은?
조리
필요한 물건은?
프라이팬 / 냄비 / 조리용 도구 / 오일, 양념 등

동선에 맞춘 배치

동시에 쓰는 물건은 '어떤 순서로 쓰는지'를 따져서 배치하세요. 작업이 물 흐르듯 순조로워집니다.

STEP 1 주걱을 집는다
STEP 2 밥그릇을 든다
STEP 3 밥을 푼다
STEP 4 밥그릇을 내려놓는다

> 수납 시스템

같이 쓰는 물건 모으기 – 그루핑

 같은 작업에 쓰는 물건을 한 곳에 수납하는 것을 그루핑(grouping)이라 합니다. 예컨대 아침으로 토스트를 준비할 때, 냉장고 안에 버터와 잼, 햄과 치즈 등을 한 용기에 수납하면 이것이 그루핑입니다. 이렇게 해두면 용기째로 식탁에 올리기만 하면 한 동작으로 준비가 끝나지요.

 만약 이것들이 냉장고 안에 따로 흩어져 있다면 '버터랑 잼이랑…….' 하면서 일일이 찾아야 합니다. 한 번에 꺼낼 수 없으니 냉장고도 여러 번 열었다 닫아야 하고요. 하지만 **그루핑해두면 한 동작**이면 됩니다. 아이들도 스스로 아침식사 준비를 할 수 있지요.

 그 외에도 '포장 도구 세트'도 편리한 그루핑입니다. 우편물이나 짐을 포장할 때 필요한 끈, 가위, 테이프, 펜 같은 것들이지요. 집 안 곳곳에 흩어져 있으면 포장은 번거로운 일거리가 될 거예요.

 아침밥이나 포장은 용도별 그루핑입니다. 그 외에 종류별, 식구별로 나눠서 정리할 수도 있어요. 주방에서 베이킹에 필요한 조리 도구, 파티용 접시 등을 따로 모아두는 것이 종류별 그루핑입니다.

 물건에 따라서는 '아빠', '엄마', '아들', '딸'처럼 쓸 사람의 이름을 붙여 모아두는 것이 편리할 수도 있습니다.

 그루핑은 자주 쓰는 물건에 적용할수록 효과적입니다. 각자의 집에서 그루핑하면 편리할 물건을 떠올려 보세요.

종류별 그루핑

문구류

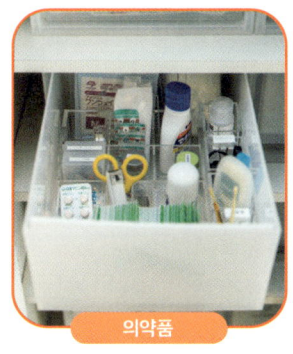
의약품

보통 문구류나 의약품처럼 물건을 종류별로 나누는데 이것도 정답입니다. 하지만 종류에 얽매이지 말고 자유롭게 그루핑할 수도 있어요.

가족별 그루핑

각자의 공간을 만들면 서로 섞이지 않아 동선도 단순해집니다. 무엇보다 각자의 공간을 원하는 대로 관리할 수 있어 좋아요.

아내 공간

남편 공간

용도별 그루핑

아침 세트

포장 도구 세트

동시에 쓰는 물건을 그루핑해서 한 용기에 담습니다. 한 번에 꺼내고 한 번에 되돌려놓을 수 있어 편리합니다.

027

> 수납 시스템

사용 빈도에 따라 '위치 정하기'

조닝으로 수납 구역을 정했다면, 그 다음에는 해당 구역의 '어디에 둘지' 구체적인 위치를 정합니다. 이때 기준은 '사용 빈도'입니다. 매일~주 1회 쓰는 물건은 A, 가끔 쓰는 물건은 B, 1년에 몇 번 쓰는 물건은 C로 나누어 생각해보세요.

A의 수납 위치는 편한 자세로 꺼낼 수 있는 곳입니다. 허리부터 눈높이까지라고 할 수 있습니다. 흔히 이 위치를 골든 존(Golden Zone)이라 부르지요. 골든 존은 각자의 키에 따라 다르기에 아이 식기는 아이의 골든 존에, 어른 식기는 조금 더 높은 위치에 수납할 수 있습니다. 이때도 반드시 각자에게 편한 위치를 물어서 정해야 해요.

그리고 허리보다 낮은 곳에는 B, 눈높이보다 높은 곳에는 C를 수납합니다. 허리 숙이기와 까치발이 모두 어렵지만, 그중에서도 힘이 덜 드는 곳에 B를 두는 것입니다.

같은 높이라도 바깥쪽에 사용 빈도가 높은 물건을 넣어두면 문이나 서랍을 열어 바로 꺼내고 바로 넣어둘 수 있어 편리합니다. 같은 식사 도구라도 매일 쓰는 수저는 더 꺼내기 쉬운 곳에, 가끔 쓰는 포크, 나이프는 안쪽에 넣어두면 효과적이지요.

속이 깊은 수납장은 수납 장소를 입구 쪽과 안쪽으로 나눕니다. 안쪽에는 C, 중간에 B, 입구 쪽에는 A를 수납합니다. 하단을 이용한다면 B를 가장 아래, A는 B 위에 수납하고, 상단을 이용할 때는 거꾸로 수납하는 등 A를 골든 존에 배치합니다.

주방이나 옷장이 ㄱ자형일 때는 각진 부분의 활용도가 떨어지므로 이곳에 C를 수납합니다. 골든 존에는 A를 수납합니다. 사용 빈도가 낮은 물건이 귀중한 골든 존을 차지하지 않도록 주의하세요.

물건을 사용 빈도로 분류

A	매일 사용 2~3일에 한 번 사용 주 1회 사용	A에 수납 (골든존)	열쇠 / 슬리퍼 / 마스크 / 세면도구, 화장품 / 타월 / 세탁용품 / 청소용품 / 평소 쓰는 식기 / 티슈 / 리모컨 / 가방 등 PART 2~4에서 다룬 물건 대부분
B	월 1회 사용	B에 수납	손님용 식기 / 전기 프라이팬 / 베이킹 도구 / 식품이나 세제 여분 / 네일 용품 / 신발 관리 용품 / 보관용 문서 / 보험증서 / 레저용품 / 재해 시 비상품 등
C	수개월에 한 번 사용 일 년에 한 번 사용 철 지난 물건	C에 수납	크리스마스 트리 등 계절 아이템 / 여행 가방 / 관혼상제 관련 용품 / 한복이나 동복 / 여름 샌들 또는 겨울 부츠 / 추억의 물건 등
기타	아끼는 물건이 아니라면 처분합니다.		

A는 골든 존에 수납

높이로 본 골든 존

A는 허리부터 눈높이까지
B는 허리를 숙여야 하는 낮은 곳
C는 까치발을 해야 하는 높은 곳

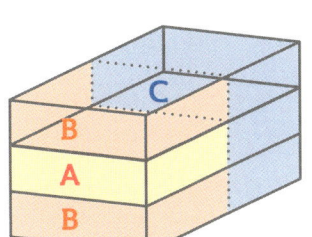

깊이로 본 골든 존

A는 수납공간 바깥쪽의 허리부터 눈높이까지
B는 수납공간 바깥쪽의 하단 또는 상단
C는 안쪽. ㄱ자형 공간의 각진 부분도 C.

A는 별다른 동작 없이 또는 한 번의 동작으로 꺼낼 수 있게 하세요. 그것만으로도 놀랄 만큼 편해집니다.

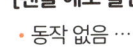

[펜을 예로 들면]
- 동작 없음 … 펜꽂이에서 집기
- 동작 한 번 … 서랍 열어 집기
- 동작 두 번 … 서랍 속 필통을 열어 집기
- 동작 세 번 … 문을 열고 서랍을 연 뒤, 그 속의 필통을 열어 집기

 수납 시스템

칸을 나누고 '한 칸에 하나만 수납'

'이 서랍'이라고 구체적인 위치를 정해도 문제가 생길 수 있습니다. 그냥 넣기만 하면 뒤섞이기 때문입니다. 제자리에 잘 돌려놓으려면 물건도 종류별로 나누고, 수납 장소에도 칸을 만들 필요가 있습니다.

이때 원칙은 '한 칸에 하나 또는 한 종류만 수납'하는 것입니다. 두 종류, 세 종류를 함께 넣으면 칸을 나누는 의미가 없어요.

가령, 서랍 안에는 상자를 넣을 수 있습니다. 상자 안에 또 상자를 넣을 수도 있지요. 북엔드로 칸을 나누어 종류별로 구분해 넣을 수도 있어요. 칸을 나누기 위한 도구를 아깝게 여길 수도 있지만, 이는 합리적인 투자입니다. 찾는 수고와 시간, 에너지 낭비가 사라지고 모든 일이 물 흐르듯 쉽게 이루어질 거예요.

편의점 음료 냉장고를 떠올려 보세요. 일렬로 구분된 칸에 음료가 종류별로 줄지어 있지요? 냉장고라는 커다란 수납 장소에 종류별로 칸을 만들어 '어디에 무엇이 들었는지 한눈에 알 수 있게' 한 것입니다.

칸막이가 없다면 손님이 한 번 꺼낸 음료를 다른 음료로 바꿀 때, 아무 자리에나 넣어둘 겁니다. 칸막이가 있어야 제자리가 분명히 보이는 것입니다.

이쯤에서 띄우기, 세우기, 눕히기 기법을 소개합니다. 장소와 물건에 따라 가장 적용하기 쉽고, 알기 쉬운 방법으로 수납해 보세요.

띄울 때는 후크 하나에 물건 하나, 세우거나 눕힐 때도 한 곳에 한 종류만 수납한다는 점을 기억하세요. 이 점만 철저히 지키면 수납 시스템을 쾌적하게 유지할 수 있습니다.

칸 나누기의 기본 도구

북엔드

책이 쓰러지지 않게 도와주는 것은 물론 모든 장소, 모든 물건에 활용할 수 있습니다. 서랍 안이나 수납 상자 안에 넣고 쓸 수도 있답니다.

북엔드(다이소)

칸막이 책꽂이

책이나 잡지, 서류의 분류는 물론 접시나 냄비 뚜껑, 냉동식품 등 물건을 분류할 때 활용할 수 있습니다.

아크릴 칸막이 책꽂이(무인양품)

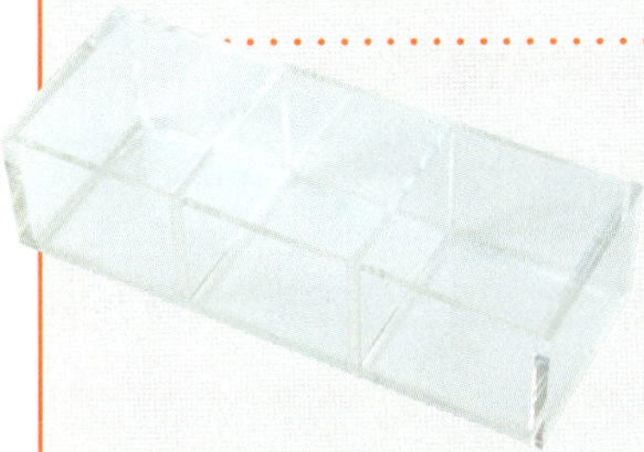

칸막이 정리함

문구류, 머리 끈, 약 등 자잘한 물건을 분류할 때 활용해 보세요. 병을 수납할 때도 위치를 정할 수 있어 좋습니다.

사각 칸막이 정리함

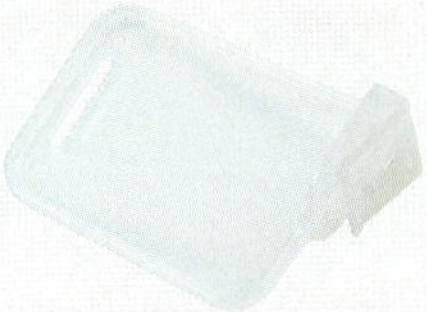

냉장고용 칸막이 클립

냉장고 도어 포켓의 공간 구분에 쓰는 아이템이지만, 좁은 수납 장소에 칸을 만들 때 편리하게 쓸 수 있습니다.

도어 포켓용 칸막이 클립(다이소)

튜브 홀더

이것도 원래는 냉장고에 소스 튜브를 세워두기 위한 도구지만, 수납 상자 등에 끼우면 펜 같은 가는 물건을 구분할 때 유용합니다.

튜브 홀더(Seria)

> 수납 시스템

'라벨링'으로 뒤섞임 방지

물건이 들어갈 자리를 정하는 일은 '물건의 주소를 정하는' 일입니다. 그 주소를 알기 쉽게 표시해주는 일이 '라벨링'이고요. 문패나 간판 같은 역할을 한다고 보면 됩니다.

라벨링을 하면 **어디에 무엇이 있는지를 누구나 한눈에 알아볼 수 있습니다.** 혼자만 알고 있으면 다른 가족은 늘 찾아 헤매거나 뒤섞어 놓게 됩니다.

1인 가구도 사정은 같습니다. 애써 칸을 나누고 한 칸에 한 가지 물건을 수납했는데, 서두르다 보면 다른 칸에 넣어버리기 일쑤입니다. 물건이 뒤섞이다가 급기야 예전 상태로 돌아갈 수도 있습니다. 간판이 없으면 가게를 찾아가기 어려운 것처럼 라벨이 없으면 물건도 제 갈 길을 잃기 쉽습니다.

'라벨을 붙이면 지저분해 보인다.'라는 의견도 있어요. 저도 어떤 느낌인지 압니다. 그래서 강요하지는 않습니다. 하지만 꼭 시도해 보면 좋겠습니다. 밖으로 드러나지 않는 곳이나 금세 뒤죽박죽되는 물건이나 장소, 늘 찾아 헤매는 물건만이라도 좋습니다.

라벨이라는 작은 아이디어 덕에 **물건이 무의식중에 자동으로 '제자리로 돌아가는' 편리함**을 경험할 수 있을 거예요. 라벨링을 할 때는 누구나 쉽게 알아볼 수 있어야 한다는 점이 중요합니다. 멋있게 보이려고 영어로 쓰거나 디자인이 독특한 글씨체를 적용하면 라벨의 의미가 반감됩니다.

시중에 라벨 라이터나 라벨지가 나와 있지만, 마스킹 테이프에 펜으로 써넣어도 충분합니다. 위치도 여러 번 바뀔 수 있기 때문에 **가볍게 붙였다 뗐다 할 수 있는 게 최고**입니다.

어린이가 있는 집은 그림이나 사진, 스티커를 활용할 수도 있습니다. 스스로 정리하는 데 큰 도움이 됩니다.

라벨링의 기본 도구

테이프

직접 써 붙여도 라벨링의 기능에는 문제없습니다. 가벼운 마음으로 붙였다 뗄 수 있는 테이프가 좋습니다. 천에 붙일 때는 직물로 만든 양생 테이프를 이용하면 잘 붙습니다.

양생 테이프(무인양품), 마스킹 테이프 mt(가모이 가공지)

라벨 라이터

라벨 생성 도구로 손 글씨가 자신 없거나 자주 갈아줄 때 편리합니다. 양념 라벨 등은 같은 스타일로 만들면 통일감이 있지요.

테프라PRO(킹짐)

라벨 태그

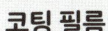

내용이 바뀌면 종이 카드만 바꿔 끼우면 되는 제품. 라벨이 손상될 걱정도 없고, 눈에 잘 띄는 효과가 있으며 다양한 크기와 디자인으로 시판되고 있습니다.

정리가 쉬워지는 태그(가족수납)

코팅 필름

말로 표현하기 어려운 물건들이나 글을 읽지 못하는 아이들용으로 활용해 보세요. 직접 그린 그림이나 사진을 넣어서 코팅하면 우리집만의 수납 장소가 됩니다.

셀프라미네이트(Seria)

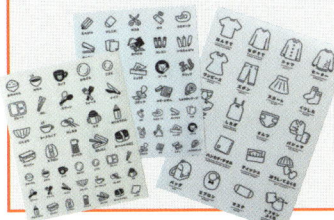

스티커

글과 그림을 함께 표시한 라벨용 스티커도 있어요. 색깔 있는 스티커를 가족별, 용도별로 그루핑해서 눈에 띄게 하는 방법도 있습니다.

라벨링 스티커(가족수납)

> 잘못된 수납

'숨기고' '깊숙이 넣으면' 역효과

　수납이 잘못된 방향으로 흘러 시간과 수고, 구매 비용이 모두 허사가 되는 경우도 많습니다. 그런 상황을 방지하기 위해 '잘못된 수납'에 대해 짚어 보겠습니다.

　잘못된 방향이란, 수납에 지나치게 몰두하는 것을 말합니다. 수납의 목적은 물건을 쓰기 쉽게 하는 것, 그렇게 함으로써 쾌적하고 이상적인 삶을 사는 것입니다.

　깔끔하고 보기 좋은 수납이나 늘 정돈된 상태가 목표가 아니라 편하게 쓸 수 있어야 한다는 말입니다. 처음부터 완벽하게 하려고 하지 말고, 조금씩 개선해 '자신에게 꼭 맞는 시스템'을 만들어야 합니다.

　물건을 숨기거나 깊숙이 넣어서도 안 됩니다. 보이지 않는 곳에 처박아놓은 물건은 '없는 물건'이나 똑같습니다. 필요할 때 찾을 수 없거나 꺼내기 힘들면 그야말로 본말이 전도된 것입니다.

　'뚜껑을 닫아놓는 수납'을 생각해 볼까요? 뚜껑을 닫으면 내용물이 보이지 않습니다. 더구나 꺼내고 넣으려면 '뚜껑을 여는' 동작이 더해져야 하지요. 사용 빈도가 낮은 물건을 수납할 때는 효과적이겠지만, 자주 쓰는 물건을 수납하기엔 맞지 않는 방법입니다.

　색이 있는 용기도 속이 잘 보이지 않습니다. 라벨링 해도 자세히 볼 수 없어요. 투명한 용기나 반투명 용기를 써서 내용물이 보이도록 해야 합니다.

　그리고 처음부터 수납 용품에 의존하는 것은 좋지 않습니다. 수납 용품은 시스템이 어느 정도 만들어진 뒤에 마련하세요. 가능하면 다용도로 쓸 수 있는 도구를 선택해야 합니다. 특정 물건이나 장소에만 쓸 수 있는 도구는 변화를 줄 수 없어 돈 낭비로 이어지기 쉽습니다.

잘못된 수납 예

숨기기만 하는 수납
'수납은 곧 숨기기'라고 생각하고 있나요? 눈에 보이지 않는 물건은 있다는 사실조차 잊게 되거나 관리가 어려워집니다.

속을 볼 수 없는 수납
색이 있는 용기에 수납하면 위에서 내려다보지 않는 이상 내용물을 알기 어렵습니다. 최대한 투명 또는 반투명 용기를 이용하세요.

수납 용품 모으기
수납함이나 라벨은 마지막 단계에 가서 사야 합니다. '어디에 어떻게 쓸지'가 정해진 다음에 필요한 용품을 사야 낭비를 막을 수 있어요.

뚜껑 있는 수납함
자주 쓰는 물건은 뚜껑 없는 상자가 좋습니다(밀폐해야 하는 식품은 제외). 쓸 때마다 뚜껑을 열어야 한다면 부담이 커집니다.

알기 어려운 수납
가족 모두가 '어디에 무엇이 있는지' 직관적으로 알 수 있어야 수납 시스템이 제 기능을 합니다. '한 곳에 하나만', '라벨링' 등으로 단순하고 알기 쉽게 수납하세요.

> 완벽해지려 하지 마세요. '한 장소에 30분'이라는 식으로 시간을 정해 일단 수납하고 나중에 바꾸는 방법도 있습니다.

반드시 치수를 잰 뒤 구매

수납함이나 정리함 등은 둥근 형태보다 각진 형태가 공간 활용에 좋습니다. 구매 전 반드시 치수를 재세요. 전문가용 내부 측정 줄자를 쓰면, 줄자를 접지 않고도 상단 창을 이용해 치수를 정확히 알 수 있어요.

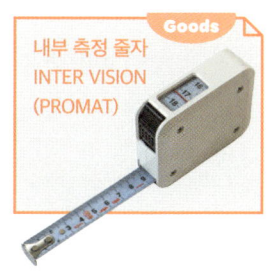

Goods
내부 측정 줄자
INTER VISION (PROMAT)

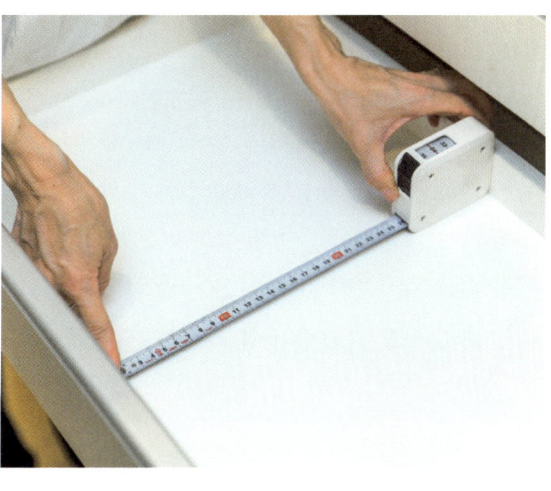

> 정리 정돈

쓰고 돌려놓기만 하면 끝

    분류한 물건을 '조닝→ 그루핑→ 위치 결정→ 칸을 나눠 한 곳에 하나만 수납'하면 수납 시스템이 완성됩니다. 한 단계씩 나눠 설명했기 때문에 어렵게 느껴졌을 수도 있지만, 지갑을 떠올려 보세요.

    지갑은 지폐, 동전, 카드에 대해 각각 조닝, 그루핑, 위치 결정까지 끝난 상태입니다. 즉 지갑은 시스템이 완성된 수납 공간입니다. 그래서 매일 애쓰지 않고도 돈이나 카드를 꺼내고 거스름돈을 받아 넣을 수 있는 것입니다.

    정리 정돈은 돈을 내고 거스름돈을 받아 넣는 행위와 비슷합니다. **'사용할 물건을 꺼내 쓴 뒤, 원래 자리로 돌려놓는 것'**입니다. 지갑처럼 시스템이 만들어져 있으면 돈을 넣었다 빼는 일처럼 힘들이지 않고, 노력이나 스트레스 없이도 쾌적한 상태를 유지할 수 있습니다.

    그뿐 아니라 지갑은 쓰기 불편하면 다시 사야 하지만, 수납은 불편하면 얼마든지 시스템을 바꿀 수 있습니다. 개선에 필요한 테크닉과 아이디어는 PART 2에서 충분히 소개할 테니 필요한 내용을 모두 활용해 보세요.

    갑자기 집 전체를 손보려고 하면 어렵습니다. 서랍 한 칸, 작은 방 하나처럼 순서를 정해 시스템을 만들어 보세요. 집 정리의 난도와 장소별 포인트도 참고하시면 도움 될 거예요.

    지갑 속에 버려야 할 영수증이 쌓이는 것처럼 집 안에도 새 물건이 자꾸 생깁니다. **시스템이 무너지는 이유 중 하나는 물건이 늘어나기 때문**입니다. '분류' 작업 때 정한 적정량을 지키기 위해서라도 **하나가 늘면 하나를 반드시 처분**하는 습관이 필요합니다.

    덕분에 저는 '있는 물건을 처분하면서까지 가지고 싶은지'를 따져보는 습관도 생겼습니다. 그 결과, 쇼핑은 줄고 돈은 더 현명하게 쓰게 되었지요.

분류, 수납 순서도

현관 난도★
장소가 좁고 물건의 종류도 적은 데다 자주 신는 신발과 그 외의 신발을 구분하기도 쉬워서 첫 도전에 좋은 장소.

옷장 난도★
'누구 옷인지', '누구를 위한 공간인지' 명확하기에 시스템 만들기가 쉬운 장소. 자기 옷부터 먼저 정리하는 방법도 추천.

세탁실, 세면대 난도★★
자잘한 물건이 많지만 생활용품이 대부분이라 '쓰는지 쓰지 않는지', 적정량은 어느 정도인지 사무적으로 판단할 수 있는 장소.

욕실 난도★★
물건 종류는 적어도 가족이 함께 사는 경우, 각자의 물건이 뒤섞여 있어 어려운 장소. 모두 모였을 때 정리하기를 추천.

화장실 난도★★
좁고 물건 수도 적어서 정리는 쉽지만, 수납공간이 없는 집도 있어 테크닉이 필요할 수도.

냉장고 난도★★
주방은 물건 개수가 매우 많으므로 냉장고부터 연습하기를 추천. 소비기한이 지난 것만 정리해도 한고비 넘긴 셈.

주방 난도★★★
자잘한 물건이 많고, 크기도 제각각이라 분류, 수납이 어려운 장소. 일부만이라도 조금씩 분류하기를 추천.

아이 방 난도★★★
아이 물건도 정리하기 어려운 건 마찬가지. 편안한 분위기에서 함께 이야기할 수 있을 때 하나하나 물어가며 정리하기를 추천.

거실, 다이닝 룸 난도★★★★
가족이 함께 쓰는 장소라 각자의 물건이 섞여 있어 분류, 수납의 가장 큰 난관. 정리가 익숙해졌을 때 시도하기를 추천.

선반, 벽장 난도★★★
크기가 클 뿐 아니라 방치한 물건도 있는 장소. 다른 방에서 정리되어 나온 물건이 추가될 수도 있으니 마지막에 정리하는 것이 효율적.

작업공간(서류 등) 난도★★
서류는 특히 '필요한지 불필요한지'에 대한 판단이 어려운 아이템. 처분 전에 반드시 제대로 읽고 확인할 것. 후반부 도전을 추천.

추억의 물건 난도★★★★★
추억의 물건이나 취미 용품처럼 각별한 물건은 해결이 어려운 아이템. p.140을 참고해 마지막에 시도하기를 추천.

장소별 포인트
수납 시스템 만들기

모든 장소, 모든 물건에 적용할 수 있는 시스템에 관해 설명했습니다. 가장 쉬운 장소부터 도전해보세요. 시스템을 만들 때의 포인트와 주의점도 정리했어요.

냉장고, 주방

접시, 수저, 컵, 프라이팬과 냄비, 그 외 조리 도구, 개봉한 식품 등을 종류별로 나누면서 꺼냅니다. 주걱 같은 주방 도구는 용도 하나당 한 개만 남기세요. 음식 재료는 세워서 수납하면 여분 파악이 쉽습니다.

거실, 다이닝 룸

거실에 필요한 물건이 아니면 다른 장소로 옮기세요. 공동으로 쓰는 물건과 사용 빈도가 높은 물건만 남았을 때, '바로 제자리에 돌려놓을 수 있는' 방법을 찾아 수납하세요. 어질러지기 쉬운 거실이 쾌적하게 변합니다.

작업공간

서류는 10초 이내에 꺼낼 수 있어야 합니다. 그러려면 분류는 필수. 분야별로 나눈 뒤 각기 '필요 없는 서류→처분', '기한이 있는 서류→벽에 게시했다가 기한이 지나면 폐기', '중요한 서류→파일에 보관'합니다.

화장실

선반의 반은 휴지를 수납하고 나머지 반은 플라스틱 정리함을 써서 수납해보세요. 조닝만 잘해도 용도를 알기 쉬워 편리해집니다. 수납 선반이 없다면 압축봉을 이용해 만들 수 있어요.

욕실

샴푸류, 세안제, 면도용품, 청소용품, 아이 장난감 등으로 그루핑하고 몸과 얼굴을 씻는 구역, 청소용품 구역 등으로 조닝해 수납합니다. 띄워서 바닥에 놓인 물건을 없애면 쓰기도 좋고 청소도 편해집니다.

선반, 벽장

이불, 계절성 가전제품이나 이벤트 용품 등 철 지난 물건, 여행 가방, 취미 용품, 추억의 물건 등으로 구분하며 꺼냅니다. 남길 물건을 정한 다음에는 사용 빈도가 낮은 물건일수록 안쪽에 수납하세요. 문 부근에 '안쪽에 ○○ 있음'이라고 라벨링해두세요.

아이 방, 침실

아이 방은 아이와 대화하면서 정리, 수납해야 합니다. 또 학교에서 쓸 물건과 장난감 수납 존을 구분하는 것이 철칙입니다. 침실은 쉬는 곳이기에 물건이 적을수록 좋습니다(그래서 이 책에서는 별도로 다루지 않았습니다).

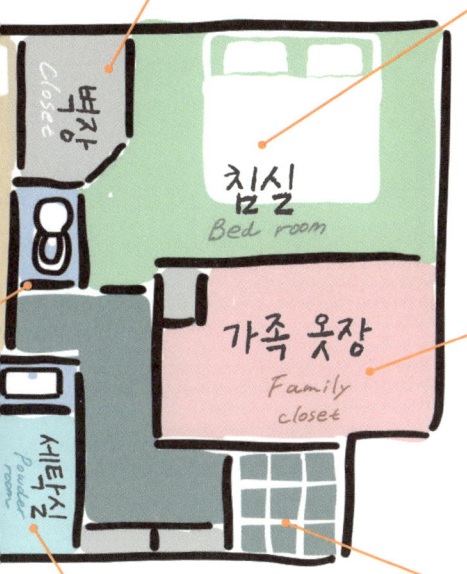

옷장

가족별 상의, 아우터, 하의 등으로 구분하며 꺼내세요. '지금 좋아하고 자주 입는 옷'만 골라내고 나머지는 처분합니다. '비싼 옷', '살 빠지면 입을 옷', '집에서 입을 수 있는 옷', '다시 유행할 것 같은 옷'은 과감히 버립니다.

현관

처음부터 누구의 신발인지 분류하세요. 신발 관리 용품 같은 소품도 따로 분류합니다. 처분할 신발을 제외한 뒤에는 구역을 정합니다. 키 큰 사람은 위쪽, 키 작은 사람은 아래쪽으로 정하세요. 계절이 맞지 않거나 사용 빈도가 낮은 신발은 가장 위 칸에 넣습니다.

세탁실, 세면대

세탁용품은 세탁기 주변, 세면용품은 세면대 주변으로 나누어야 관리하기 쉽습니다. 문제는 여분의 재고인데, 위치와 적정량을 정하는 게 좋습니다.

> 장소별 포인트

적재적소에 띄우고, 세우고, 눕히기

PART 2부터는 개별 물건을 어떻게 수납하면 효율적인지 구체적으로 소개합니다. 복잡한 방법이 필요 없습니다. 띄우고, 세우고, 눕히면 모두 해결 되니까요.

거실, 다이닝 룸

띄우기
- 리모컨 p.48
- 티슈 p.81
- 가전 제품 전기코드 p.82
- 스마트폰 충전 거치대 p.82
- 청소용품 p.83
- 베란다용 슬리퍼 p.82

세우기
- 구급 물품 p.110

냉장고, 주방

세우기
- 냉동식품 p.103
- 냉장식품 p.104
- 채소 p.104

선반, 벽장

띄우기
- 여분 확인표 p.84

세우기
- 공구 p.111
- 재난 생존 가방 p.111
- 여행 가방 p.112
- 수영복 p.112
- 종이봉투 p.113
- 종이 상자 p.113

눕히기
- 계절 용품 p.139

욕실

띄우기
- 샴푸 등 병류 p.72
- 세안제 등 튜브 p.72
- 고형 비누 p.72
- 머리 끈 p.72
- 청소용품 p.74

작업공간

띄우기
- 서류 p.85
- 문구류 p.85

세우기
- 보관 문서 p.116
- 각종 제품설명서 p.117
- 문구류 p.117

세탁실, 세면대

띄우기
- 세탁용품 p.53
- 칫솔 p.64
- 치약 p.64, 70
- 양치 컵 p.64
- 세숫비누 p.64
- 청소용 스펀지 p.64
- 집게 건조대 p.66
- 쓰레기봉투 p.66
- 욕실 매트 p.67
- 안경 p.68
- 눈썹 손질 용품 p.68
- 머리 끈 p.69, 70
- 시계 p.69
- 물티슈 p.71
- 청소 솔 p.71
- 드라이기 p.70

세우기
- 세탁 세제 p.101
- 세제 여분 p.101
- 드라이기 p.102
- 위생용품 여분 p.102
- 화장 브러시 p.102

눕히기
- 수건 p.130
- 화장품 p.132
- 헤어 밴드 p.132
- 화장품 샘플 p.132
- 화장 솜 p.132
- 고데기 p.133
- 빗 p.133
- 머리 끈 p.133

주방

띄우기
- 스마트폰 p.49
- 주걱 p.50
- 커피 필터 p.50
- 쓰레기봉투 p.52
- 키친타월 p.77
- 주방 가위 p.77
- 주방 도구 p.78
- 고무장갑 p.78
- 행주 p.78
- 핸드크림 p.79
- 머리 끈 p.79

세우기
- 일회용 비닐봉지 p.91
- 냄비, 뚜껑 p.93
- 프라이팬, 뚜껑 p.93
- 볼 p.93
- 소쿠리 p.93
- 국자 p.93
- 거품기 p.93
- 도마 p.93
- 소스 p.105
- 과자 p.106
- 재난 대비 비상식량 p.106
- 주방용 잡화 여분 p.107
- 식품 보관 용기 p.107
- 주방 세제 p.107

눕히기
- 식기 p.123
- PET 병 p.124
- 주방용품 여분 p.125
- 수저 p.134
- 나이프 p.134
- 접시 p.135
- 통조림 p.136

아이 방, 침실

띄우기
- 원아 수첩 p.80
- 칭찬 스티커 판 p.80

세우기
- 교과서 p.108
- 시험지 p.108
- 도시락통 p.108
- 색칠 공부 등 p.109
- 아이 옷 p.109

눕히기
- 책가방 p.137
- 가정통신문 p.137
- 문구류 여분 p.137
- 장난감 p.138

가족 옷장

띄우기
- 옷 p.60, 61, 63
- 가방 p.62
- 모자 p.62
- 넥타이 p.63

세우기
- 옷 p.94
- 양말 p.94
- 가방 p.100
- 의류 케어 용품 p.100

눕히기
- 액세서리 p.123
- 양말 p.129
- 스웨터 p.129

현관

띄우기
- 손 소독제 p.51
- 자외선 차단제 p.51
- 펜 p.51
- 슬리퍼 p.54
- 마스크 p.55
- 열쇠 p.55
- 청소용품 p.56
- 우산 p.58
- 모자 p.59
- 공 p.59

세우기
- 스케이트보드 p.92

눕히기
- 신발 p.126, 127
- 신발 관리 용품 p.127
- 샌들 p.128

화장실

띄우기
- 위생용품 p.75
- 청소용품 p.76

COLUMN

'임시 수납 장소'를 만든다

 이 책의 최종 목표는 매일 시간에 쫓기며 치우지 않아도 정리 정돈된 상태가 유지되는 시스템을 만드는 것입니다. '띄우기', '세우기', '눕히기'를 추천하지만, 세 가지 수납 기법 외에도 바로 수납할 수 있는 테크닉이 있다면 써도 좋습니다.

 수납 장소만 확보하면 됩니다. 특정 장소를 정해놓으면 옷뿐 아니라 그 어떤 물건도 그곳에 두는 순간, 정리 정돈이 쉽게 끝난답니다. 아무리 바쁘고, 피곤하고, 귀찮아도 누구나 할 수 있지요. 참고로 '눕히기' 수납과 비슷합니다.

 그런데 집 안의 모든 물건을 그냥 놔두는 것으로 수납을 끝내려면 엄청난 수납공간이 필요하거나, 물건 양이 극단적으로 적어야 합니다. 그래서 띄우고, 세우고, 눕히는 수납 기법이 필요하지요.

 띄우고, 세우고, 눕히기를 통해 시스템만 만들어두면 생활을 놀랄 만큼 편하게 바꿀 수 있어요. 매일 쓰는 물건, 넣고 꺼내기 번거로운 물건은 가져다 두기만 하면 되게 만들어놓고 나머지는 띄우고, 세우고, 눕혀보세요.

옷장 안 임시 수납 상자
개봉 전 옷, 세탁소 보낼 옷, 개켜야 하는 옷 등을 잠시 두는 장소로 쓸 수 있어요.

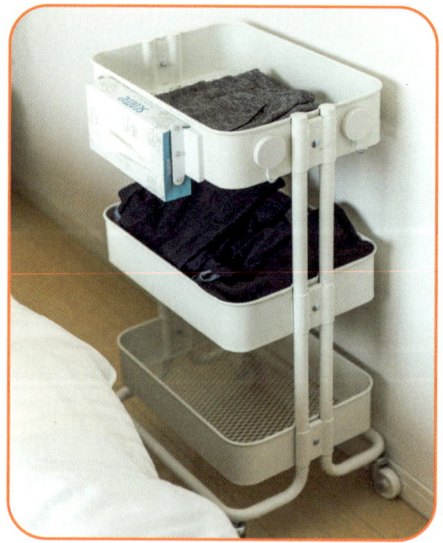

침실의 이동식 잠옷 수납장
잠옷은 침대나 바닥에 적당히 던져두기 쉬워 집이 어질러지는 원인이 되지요. 잠옷 보관 장소가 있으면 깨끗해집니다.

PART 2

띄우는 수납

바로 꺼내고 즉시 돌려놓는다

사용할 장소에 물건을 띄워 두면
바로 쓰고, 즉시 돌려놓을 수 있어요.
물건을 바닥에서 띄우면
청소도 얼마나 편해지는지!
게다가 수납할 자리도 자꾸 생긴답니다.

띄우는 수납만의 장점, '공간 창조력'

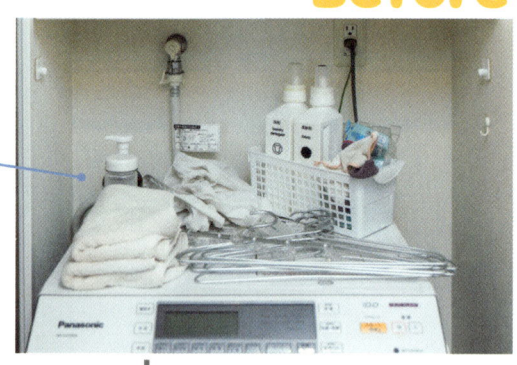

Before

세탁기 위는 잡동사니 천국?
'잠시만' 올려두려 하다가도 어느새 잡동사니가 쌓이기 일쑤인 세탁기 위 공간.

After

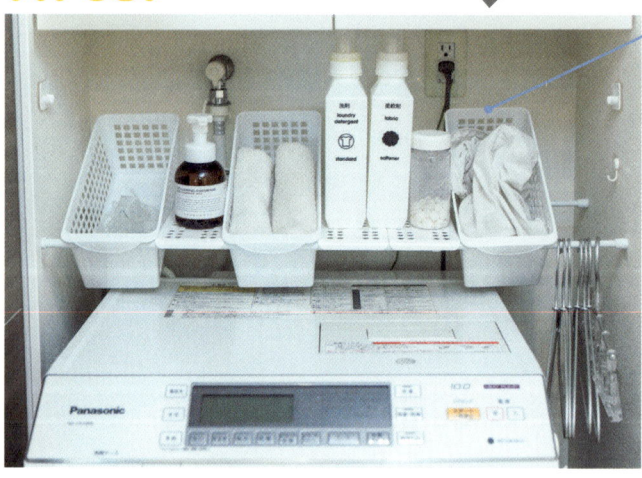

빈 벽에 수납 공간을 만들면
압축봉으로 선반을 만들어 효율적으로 이용하면 뒤지지 않고도 꺼낼 수 있고 수납도 쉽습니다.

자리가 없어도 수납공간을 확보할 수 있는 유일한 방법

'매달기', '걸기'처럼 누구나 당장 할 수 있는 지극히 간단한 수납 기법입니다. 장점은 '선반이 없고', '수납함을 둘 곳도 없어' 포기한 자리에 저가 생활용품점에서 구매한 물품을 이용해 수납공간을 만들 수 있다는 점이지요.

044

띄우는 수납의 장점

- 바로 꺼낼 수 있다
- 즉시 돌려놓을 수 있다
- 청소하기 쉽다
- 물 쓰는 곳도 빨리 마른다
- 없던 수납공간을 만들 수 있다

손쉽게 꺼내고 바로 돌려놓을 수 있어 간편한 방법. 청소할 때도 일일이 들어낼 필요가 없으니 편하고, 띄워서 수납하면 젖은 물건도 금방 마릅니다. 무엇보다 선반이나 벽장이 없어도 수납공간을 만들 수 있어 좋습니다.

띄우는 수납에 적합한 장소

- 벽면
- 문 뒤
- 데드 스페이스

벽이나 문 뒤는 후크를 부착해 물건을 매달아 둘 수 있습니다. 좁은 틈 등 데드 스페이스가 되기 쉬운 곳도 효율적으로 활용할 수 있어요. 또 선반이 없어 아쉬웠던 곳에도 수납공간을 만들 수 있습니다.

띄우면 좋은 물건

- 자주 쓰는 물건
- 물 쓰는 곳에서 쓰는 물건

하루에도 몇 번씩 쓰는 물건이라면 우선 '띄울 방법'부터 찾아보세요. 바로 꺼내 쓸 수 있고, 즉시 되돌려 놓을 수 있습니다. 주방이나 욕실, 세면대 주변 등 물 쓰는 곳에서 사용하는 물건이라도 띄우면 바닥에 닿는 면이 없기에 금방 말라 위생적입니다.

띄울 때 주의점

- 후크 하나에 물건 하나
- 도구 선택은 물건의 무게 고려

후크 하나에 물건 하나만 걸어야 합니다. 이 원칙을 어기면 즉시 꺼낼 수 있다는 장점이 사라집니다. 또 후크나 압축봉은 각기 제한 하중이 다르므로 확인해야 합니다.

띄우는 수납의 기본 도구

띄우는 수납을 위한 대표적인 도구를 모아봤습니다. 사용하기 쉽고 범용성이 있으며 저렴한 제품을 추천합니다.

흡착식 후크

흡착판이 투명하면 눈에 잘 띄지 않아 깔끔합니다. 모양도 다양해서 여러 용도로 쓸 수 있습니다. 떼어냈을 때 자국이 남지 않는 제품도 있어요. 붙이기 어려운 장소에는 보조 시트를 활용하세요.

필름 후크(Seria), 필름 링 후크(Seria), 투명 보조 시트

스테인리스 후크

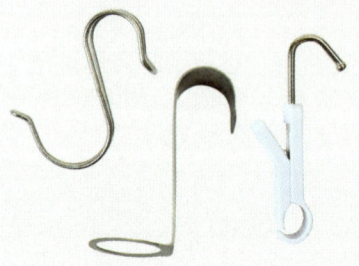

쉽게 녹슬지 않는 스테인리스나 알루미늄 후크는 물 쓰는 장소에서 쓰기 좋습니다. 샴푸 병도 걸이용 홀더를 쓰면 띄우는 수납이 가능합니다. 압축봉에 끼워 쓰는 타입도 있어요.

옆으로 밀리지 않는 스테인리스제 후크(무인양품), 스테인리스제 샴푸 병 홀더(Seria), 집게 후크(다이소)

접착테이프 후크

문 뒤나 벽면 등 어디다 붙여도 수납공간을 만들 수 있어 좋습니다. 제한 하중과 제거 시 자국이 남지 않는지를 확인하세요. 폭이 넓은 마스킹 테이프는 보강용으로 사용.

접착테이프 후크 1kg(Seria), 접착테이프 후크 3kg(Seria), 종이 마스킹 테이프(가모이 가공지)

기타 후크

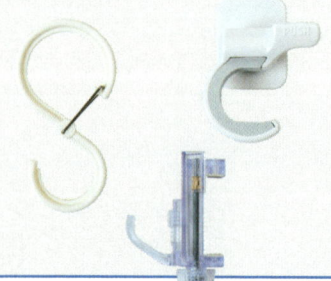

스토퍼가 있는 S자 후크, 봉 거치용 후크, 돌출된 곳에 고정하는 ㄷ자 집게 후크 등 다양한 기능의 후크가 많습니다. 후크는 종류별로 나눠서 칸막이 달린 정리함에 보관하세요.

스토퍼가 있는 S자 후크(Seria), 봉 거치용 후크(다이소), 가로세로 모두 집을 수 있는 ㄷ자 집게 후크(다이소)

압축봉

튼튼한 나사식 압축봉과 스프링식 압축봉이 있고 길이도 제각각입니다. 제한 하중을 확인하세요. 압축봉 받침대가 포함된 제품은 벽면을 보호하고 압축봉이 잘 떨어지지 않습니다.

압축봉, 압축봉 받침대

> **스프링식 압축봉 설치법**
>
> 길이를 봉을 설치할 장소의 폭보다 조금 길게 잡습니다. 봉의 굵은 쪽을 벽에 밀착시킨 뒤, 얇은 쪽을 굵은 쪽으로 꾹 누르면서 반대편 벽에 위치를 잡습니다. 동시에 손을 놓으면 압축봉 속의 스프링이 강력하게 지지해 떨어지지 않습니다.

테이프류

물건에 가려 잘 보이지 않으면서 지지력을 높여줍니다. 접착력이 강할수록 띄우는 힘도 강하지만, 벽지에 붙이면 떼어낼 때 찢어질 수 있으므로 주의하세요.

마법 테이프, 내진 접착 매트(Seria), 매직 테이프 접착식(다이소)

자석

손쉽게 물건을 띄울 수 있습니다. 가위로 자를 수 있는 양면 자석 시트 외에도 클립 방식, 걸이식 등 다양한 제품이 있습니다. 자석이 붙지 않는 장소에는 보조판을 이용하세요.

자석 시트(Seria), ABS 자석 클립(무인양품), 흡착 시트 자석 보조판(Seria)

기타

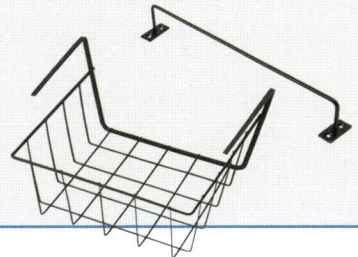

저가 생활용품점의 제품을 이용해 직접 만들 수도 있습니다. 만드는 법과 아이디어가 이 책에 소개되어 있어요.

철제 인테리어 봉(Seria), 걸이식 철제 선반(Seria)

01 리모컨은 상판 아래에

매직 테이프
접착식
(다이소)

2.5cm 폭이면 거의 모든 물건에 붙여 쓸 수 있습니다. 붙일 장소와 물건에 맞춰 색을 선택하면 거슬리지 않아요.

① 벨크로 테이프 자르기
벨크로 테이프를 리모컨 크기에 맞춰 자릅니다. 띄울 장소에 붙일 테이프도 같은 길이로 자릅니다. 겹쳐놓고 자르면 쉬워요.

② 리모컨 뒤에 붙이기
벨크로 테이프에는 까끌까끌한 면과 복슬복슬한 면이 있습니다. 리모컨은 손에 쥐어야 하니 복슬복슬한 면을 붙입니다.

③ 띄울 장소에 붙이기
띄울 장소에는 까끌까끌한 면을 붙입니다. 벨크로 테이프가 떨어질 것 같다면 띄울 장소에 매직테이프로 보강합니다.

집 안 여기저기 돌아다니기 쉬운 리모컨. 눈에 띄는 곳에 두면 지저분해 보이니 선반이나 테이블의 상판 아래에 붙여 띄워보세요. 접착테이프가 붙어 있는 벨크로 테이프를 리모컨과 상판 아래에 붙이기만 하면 됩니다. 숨은 공간을 수납 장소로 활용할 수 있어 좋습니다.

잘 보이는 곳에 두고 싶다면 벽에 붙일 수도 있지만 벽지가 찢어질 우려도 있다는 점은 감안하세요. 연장 콘센트 등도 벽면에 띄워 수납할 수 있습니다.

기본

02 흡착식 후크로 스마트폰 띄우기

흡착식 후크 더블 타입 (Seria)

투명 보조 시트

흡착식 후크는 원래 욕실 신발 걸이로 쓰기 위한 제품이지만, 스마트폰 외에 주방 도구나 냄비 뚜껑 등을 띄울 때도 활용할 수 있습니다.

스마트폰 전용 거치대, 벽걸이 거치대를 직접 만들어 쓰는 방법입니다. 주방에 붙여두면 스마트폰을 보면서 음식을 만들 수 있는데 눈높이에 맞춰 위치도 자유롭게 바꿀 수 있습니다.

후크가 둘인 제품을 써 보세요. 욕실 신발 걸이용 제품이지만, 스마트폰에도 안성맞춤입니다. 띄우는 수납을 할 때는 도구의 원래 용도가 아니어도 다양하게 시도해 보세요.

주방이나 욕실 등의 타일에 요철이 있을 때는 보조 시트를 붙이고 그 위에 후크를 붙이면 잘 떨어지지 않습니다.

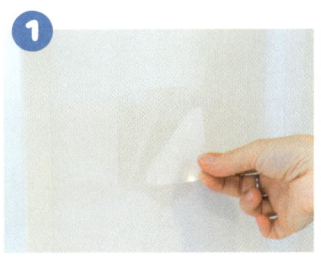

벽에 보조 시트 붙이기
흡착식 후크는 매끈한 평면에만 붙일 수 있지만, 보조 시트를 붙이면 요철이 있는 곳에도 쓸 수 있어요.

그 위에 필름 후크 붙이기
흡착판을 꾹 눌러 공기를 빼듯이 붙이면 됩니다. 보조 시트가 잘 붙지 않을 때는 벽면을 닦아낸 뒤 붙이세요.

03 북엔드를 주걱 거치대로 쓰기

① 북엔드에 홀더 붙이기
주걱이 바닥에서 뜨는 높이에 자석 홀더(Seria)를 붙입니다.

② 바닥을 밥솥 아래로 밀어 넣기
북엔드의 바닥을 밥솥 아래로 밀어 넣기만 하면 끝.

 밥솥 부속품으로 포함된 주걱 거치대야말로 띄우는 수납의 대표 사례지만, 뜯어지거나 분실하는 경우가 많습니다. 이때 북엔드에 자석식 홀더를 붙여보세요. 북엔드 바닥을 밥솥 밑으로 넣으면 자리를 차지하지도 않아요. 작은 아이디어를 살려 위생적으로 수납한 예입니다.

04 북엔드로 커피 필터 띄우기

① 북엔드에 후크 붙이기
커피 필터가 바닥에서 뜨는 높이에 자석식 D자 고리를 붙입니다.

② 필터 양 끝 끼우기
양쪽 고리 사이는 커피 필터의 곡면이 망가지지 않는 거리로 정하세요. 필터 보충도 쉽습니다.

 드립 커피용 종이 필터를 상자에서 꺼내기는 꽤 귀찮습니다. 이럴 때야말로 띄우는 수납을 하면 필터가 바닥에 닿지 않아 구겨지거나 젖을 염려가 없어요. 선반이나 서랍의 좁은 틈에 수납할 수 있어 자리도 차지하지 않아요. 한 장씩 뽑아 쓰기 편한 방법입니다.

기본

05 현관문에 이것저것 띄우기

펜

자석 시트지 잘라 붙이기

시트지 타입 자석을 잘라 볼펜에 붙이면 현관문에 부착할 수 있어요.

자외선 차단제

병에 마법 테이프 붙이기

병에 마법 테이프를 붙여 문에 부착해 보세요. 접착력이 강해 띄운 상태로 쓸 수 있습니다.

Goods

자석 시트지 (Seria)

여러 가지 색이 나와 있으니 펜이나 문 색에 맞추면 거슬리지 않습니다.

마법 테이프

초강력 접착력이 매력이지만, 떼어낼 때 도장이 벗겨질 우려가 있으니 주의가 필요합니다.

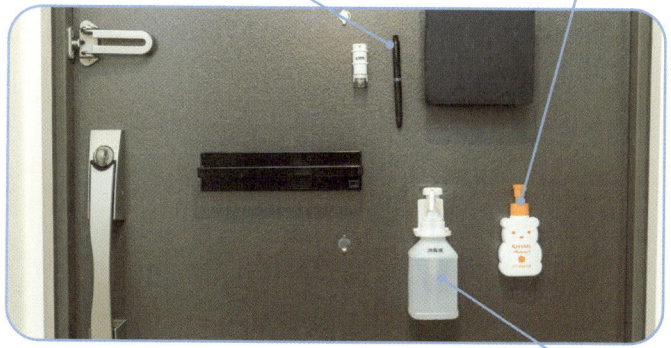

흡착식 시트 병 걸이 (Seria)

접착테이프가 붙어 있는 병 걸이를 쓰면 펌프질만 하면 되기에 아주 편합니다.

① 흡착식 시트 붙이기
문에 흡착식 시트를 붙여보세요.

② 병 고정하기
병과 펌프 사이에 병 걸이를 끼우고 잘 죄어서 흡착 시트에 붙입니다.

손 소독제

　좁은 현관에서도 물건을 띄우면 수납량이 늘어납니다. 자주 쓰는 물건, 잊기 쉬운 물건을 모아두면 챙기기 편합니다. 참고로 저는 자석식 키친타월 걸이를 우산걸이로 쓰고 있답니다.

06 압축봉으로 쓰레기봉투 띄우기

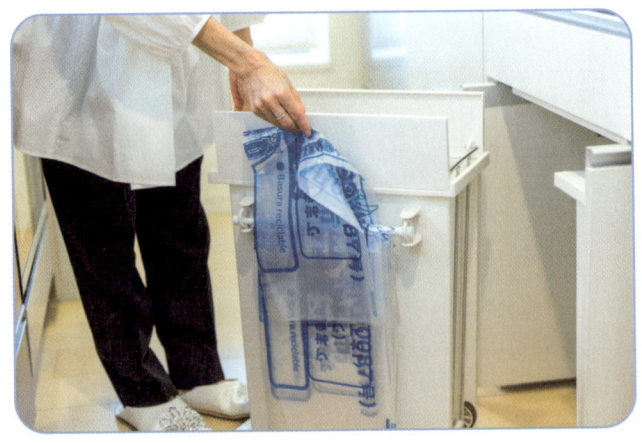

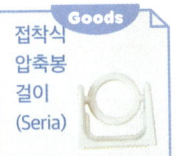

접착식
압축봉
걸이
(Seria)

압축봉

쓰레기통 옆면에 새 쓰레기봉투를 띄워서 수납하면 쓰레기 배출과 동시에 봉투를 교환할 수 있어 귀찮음을 줄일 수 있습니다. 저가 생활용품으로 쉽게 만들 수 있고, 쓰레기봉투의 여분도 바로 확인할 수 있어요.

이처럼 사용 장소에 물건을 띄워 두면 집안일 효율이 높아집니다.

① 쓰레기통에 테이프 붙이기
쓰레기통 옆면에 테이프를 붙이면 쓰레기통 표면을 보호할 수 있고 깨끗하게 떼어낼 수 있어요.

② 테이프 위에 압축봉 걸이 붙이기
양쪽 걸이 사이는 봉투 폭보다 조금 넓게 잡으세요.

③ 압축봉 걸이에 압축봉 걸기
압축봉 걸이에 압축봉을 건 뒤 쓰레기봉투를 걸어둡니다.

07 압축봉으로 선반 만들기

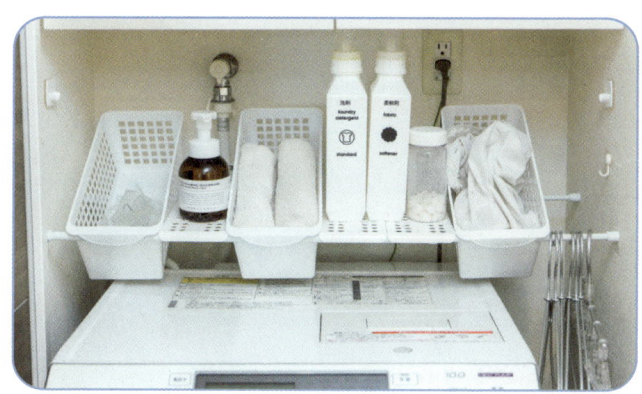

세탁기 위 데드 스페이스나 주방 구석, 창고 안이나 화장실 등 어디에나 설치할 수 있습니다. 저가 생활용품점에서 살 수 있으니 쓰기 편한 모양을 궁리하면서 만들어보세요.

가령 세탁 망 같은 소품은 수납함에, 세제처럼 무게가 나가는 물건은 선반에 바로 수납하면 됩니다. 저는 수납함을 기울여서 내용물이 잘 보이게 해 둡니다.

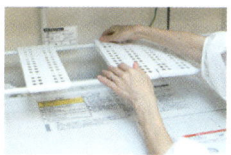
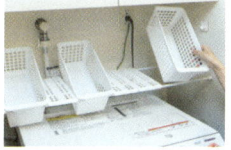

압축봉 설치하기
선반 패널의 폭에 맞추어 압축봉을 두 개 설치합니다. 가장자리를 압축봉에 걸 수 있는 수납함을 이용해 기울여 두면 쓰기 편해요.

선반 패널 올리기
압축봉에 선반 패널을 필요한 만큼 걸칩니다.

수납함 설치하기
선반 위에 수납함을 기울여 설치합니다.

선반 패널 (다이소)

수납함 (다이소)

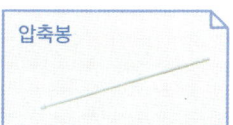
압축봉

08 슬리퍼는 넣고 빼기 쉽되 보이지 않는 곳에 수납

슬리퍼 넣고 빼기를 한 동작으로
접착식 나사 후크에 철제 걸이를 고정해 위에서 아래로 슬리퍼를 꽂기만 하면 끝.

후크와 철제 걸이의 조합이 핵심
후크와 철제 걸이 모두 저가 생활용품점 제품입니다. 가구에 구멍을 뚫을 필요가 없어 임대 주택에서도 마음 편히 쓸 수 있어요.

외출할 때, 실내에서 신던 슬리퍼는 어떻게 하세요? 대부분 그대로 거실 바닥에 벗어두거나 한쪽 구석에 밀쳐두고 나갑니다. 자리를 차지하는 슬리퍼 스탠드 대신 신발장 문 안에 띄워서 수납하는 방법이 있습니다. 보이지 않는 곳에 수납하니 현관도 깔끔해지지요. 신발장 문을 닫았을 때 두께가 문제 되지 않는지 확인하세요.

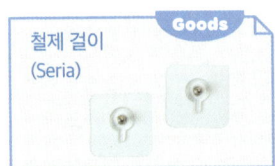

철제 걸이
(Seria)

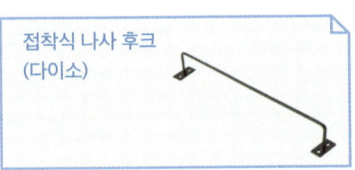

접착식 나사 후크
(다이소)

09 바로 꺼내쓰는 마스크 수납

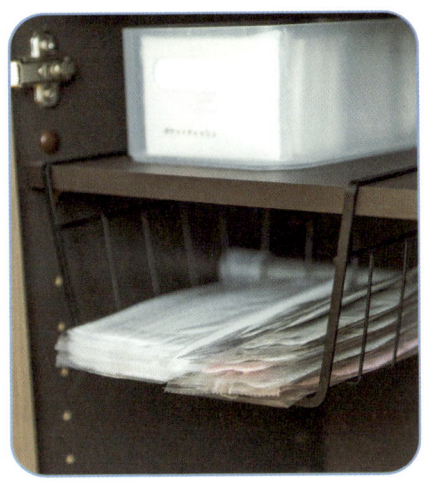

데드 스페이스가 되기 쉬운 현관 수납장. 수납 효율을 높이는 아이템 중 하나가 걸이식 철제 선반입니다. 나사나 테이프 없이 걸기만 하면 마스크 수납함으로 안성맞춤인 수납공간이 생기지요. 미리 신발장 패널의 두께와 깊이를 확인하세요.

걸이식 철제 선반 (Seria)

10 열쇠 찾는 시간이 사라진다

현관 주변 어딘가에 방치하기 쉬운 열쇠도 북엔드라는 의외의 아이템으로 띄우는 수납을 할 수 있습니다. 자석 후크를 붙이기만 하면 끝! 튜브 홀더를 걸면 펜 등도 수납할 수 있어요.

자질구레한 물건이 방치되기 쉬운 현관, 눈에 띄는 곳이니까 더 깔끔하게 수납하세요.

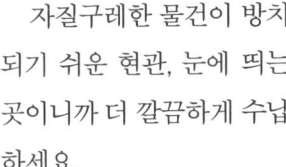

북엔드 (다이소)

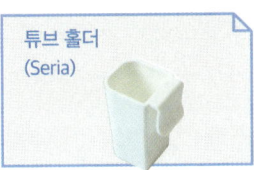

튜브 홀더 (Seria)

현관

11 청소도구 수납공간이 없을 땐 문 뒤에 띄우기

막대 모양 수납에는 봉 거치용 후크
저가 생활용품점에서 살 수 있는 봉 거치용 후크는 가동식을 고르세요. 원터치로 끼우고 뺄 수 있어 편리합니다.

편리한 접착테이프 후크
스프레이는 후크에 걸어서 수납할 수 있어요. 문에 접착테이프를 붙이기 싫을 때는 마스킹 테이프를 붙인 뒤 그 위에 후크를 걸면 됩니다.

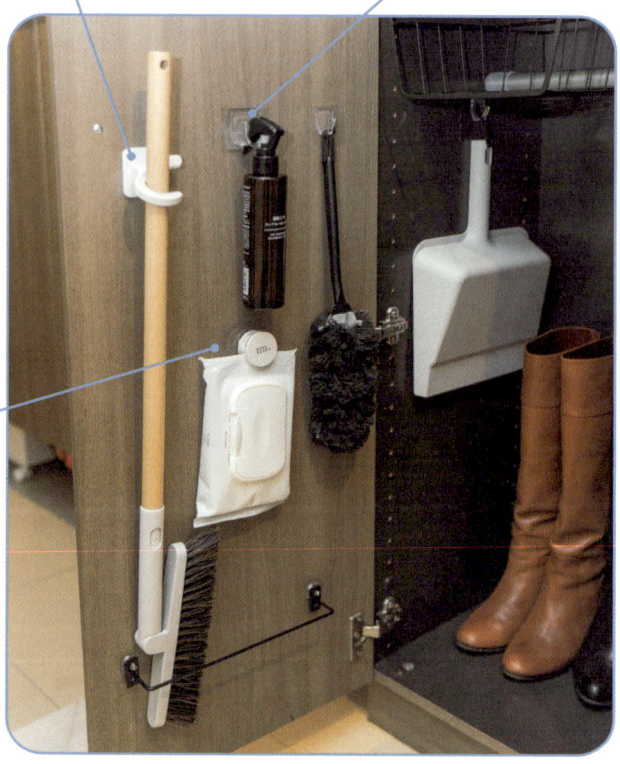

자석째 붙이고 떼는 클립
자석을 이용해 띄우는 아이템은 자석째로 떼고 붙일 수 있는 데다 수납도 간편.

현관 청소에 필요한 도구들은 현관에 모아서 수납하세요. 신발장 문 안쪽에 청소 도구를 띄워서 수납하면 필요할 때 바로 꺼낼 수 있고 정리도 간단합니다. 자루가 긴 빗자루 등은 문을 여닫을 때 흔들릴 수 있으니 철제 걸이로 고정하는 것이 좋습니다.

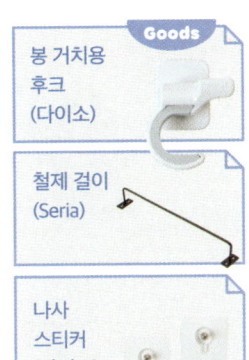

봉 거치용 후크
(다이소)

철제 걸이
(Seria)

나사 스티커
(다이소)

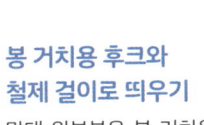
빗자루

봉 거치용 후크와 철제 걸이로 띄우기

막대 윗부분은 봉 거치용 후크에 끼워서 띄우고, 아랫부분은 나사 스티커에 철제 걸이를 건 뒤 흔들리지 않게 고정하세요.

접착테이프 후크에 걸기

저가 생활용품점에서 산 투명 접착테이프 후크를 붙인 뒤, 후크에 스프레이 손잡이를 걸어 띄우세요.

투명 접착테이프 후크(Seria)

클리어 겔 후크(다이소)

밑 작업을 하면 안심

접착테이프를 뗀 자국이 남을까 봐 꺼려진다면 마스킹 테이프와 클리어 겔 테이프를 먼저 붙여 흔적 없이 뗄 수도 있어요. 물론 제한 하중을 고려해야 합니다.

스프레이 등

Tips

접착테이프 후크 활용법

현관 외에 욕실 수납이나 세면대 수납, 주방 수납 등 스프레이를 쓰는 장소에서는 접착 고리로 집안일 하는 시간을 절약할 수 있어요. 투명 후크는 깔끔하면서 집안일이 편해지는 최고의 아이템입니다.

물티슈

ABS 자석 클립
(무인양품)

흡착 시트지
자석 보조판
(Seria)

자석 클립 부착하기

물티슈 봉투를 자석 클립에 끼운 뒤, 문에 부착해 둔 자석 보조판에 붙이면 끝. 자석 보조판은 제한 하중을 고려하세요.

12 사용 전, 후의 우산은 나눠서 수납

현관

 가끔 쓰는 우산은 감추는 수납으로 현관 주변을 깔끔하게 유지하세요. 신발장 문 안에 압축봉을 설치하기만 해도 꽤 많은 우산을 수납할 수 있어요. 압축봉을 고를 때는 우산 무게를 견딜 수 있는지 확인하세요.
 비에 젖은 우산은 마를 때까지 잠시 둘 장소가 있으면 좋겠죠? 현관문에 젖은 우산용 후크가 있으면 들어서자마자 걸 수 있어 편하답니다.

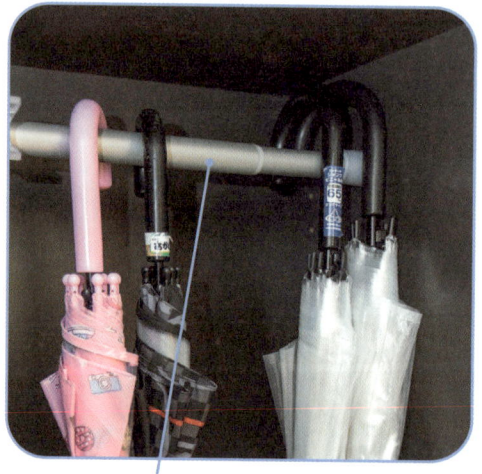

압축봉에 걸기
가장 긴 우산에 맞춰 압축봉 설치 위치를 정하세요.

임시 거치대에 띄우기
현관문에 필름 후크를 붙여서 띄웁니다. 문에 요철이 있을 때는 보조 시트지 위에 붙이세요.

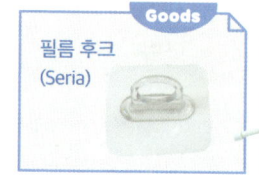

필름 후크
(Seria)

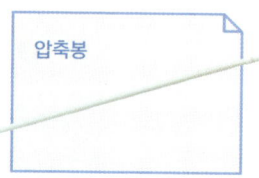

압축봉

현관

13 모자는 신발 걸이에 띄우기

모자를 현관에 보이게 수납하면 잊지 않고 착용할 수 있어요. 신발 걸이를 활용하면 모자를 걸 때도 아주 편합니다.

스테인리스 후크를 활용
문에 직접 걸 수 없을 때는 도어 후크(무인양품)에 걸면 됩니다.

도어 후크와 신발 걸이
문에 스테인리스 도어 후크를 걸고 거기에 신발 걸이(Seria)를 걸어서 모자를 띄웁니다.

현관

14 크고, 구르고, 지저분한 공은 그물 수납

부피 큰 공은 수납 장소를 정하기 어렵지요. 흙, 모래가 묻어 지저분할 때도 많으니 오토바이 그물망으로 띄워보세요. 밖으로 들고 나가는 물건이니까 현관에 두는 것이 가장 좋습니다.

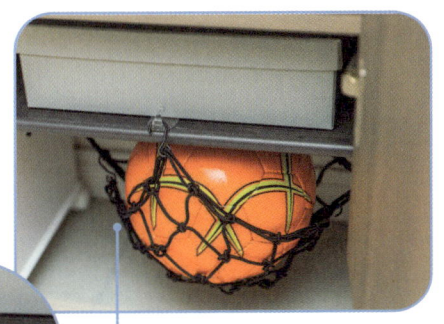

한 동작으로 꺼낼 수 있다
꺼낼 때는 앞쪽 고리만 풀면 돼요. 현관에 보관하면 흙이나 모래가 떨어져도 청소하기 편합니다.

오토바이 그물망 매달기
네 개의 접착식 고리를 설치하고 여기에 오토바이 그물망(다이소)을 매달면 끝.

15 옷장 조닝은 클립으로

띄우는 장소를 조닝
'코트, 블라우스, 그중에서도 흰 블라우스' 같은 방식으로 구역을 나누어 수납하는 것이 핵심. 가지고 있는 옷이 한눈에 들어와요.

금세 개수가 늘어나는 옷은 아이템별로 적정량을 정하거나 옷걸이 수를 정해보세요. 걸 데가 없다고 옷걸이를 더 사는 것이 아니라 옷걸이 수 이상은 옷을 사지 않는다는 개념입니다. 블라우스 한 장 꺼내기도 힘들다면 활용도가 떨어지는 옷장입니다.

옷걸이는 한 종류로 통일해야 옷의 양을 제한하기 쉽고 낭비를 막을 수 있어요. 또 코트 클립에 라벨링을 해서 자리를 지정하면 아이템이 섞이지 않습니다.

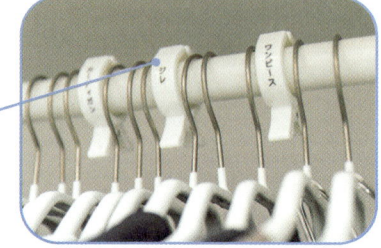

옷의 개수를 제한
아이템별로 자리를 나누면 같은 아이템의 중복 구매를 막을 수 있습니다.

원피스 길이 1/2로 줄이는 법

기장이 긴 원피스는 옷장을 세로로 점령해 버리지요. 이럴 때는 옷걸이 두 개로 길이를 반으로 줄여 수납해보세요. 다른 옷과 비슷한 기장으로 변해 옷장 아랫부분을 효율적으로 이용할 수 있습니다. 접지 않으니 주름 걱정도 없어요.
수트 등 세트 아이템에도 옷걸이 연장 후크를 이용하면 재킷과 하의를 함께 수납할 수 있어요. 짝을 찾는 수고를 덜 수 있어 시간도 절약됩니다.

1

옷걸이에 연장 후크 걸기

원피스를 건 옷걸이에 연장 후크를 겁니다.

2

추가 옷걸이에 아랫부분 걸치기

추가 옷걸이에 스커트 부분을 걸칩니다.

3

연장 후크에 추가 옷걸이 연결

옷걸이 두 개를 연결합니다. 이 상태로 옷장에 거세요.

16 압축봉으로 옷장 대체하기

빈 벽을 이용해 띄워서 수납

가방은 저가 생활용품점의 압축봉용 집게 후크에 걸어보세요. 수납할 물건에 따라 편리한 후크를 고르면 됩니다.

부피가 크고 형태도 각양각색인 가방을 수납할 때는 압축봉으로 수납공간을 만들어보세요. 방 안에 자리가 있으면 압축봉을 설치한 뒤, 집게 후크를 걸기만 하면 됩니다. 후크를 너무 많이 걸면 제한 하중을 넘을 수 있으니 주의하세요.

외출 시 바로 들고 나가기 위해 모자는 압축봉에 S자 후크를 걸어 띄웁니다. S자 후크를 쓰면 모자를 빼낼 때 후크가 바닥에 떨어지지 않습니다.

쓸 모자를 한눈에 파악

모자는 겹쳐놓기 쉽지만, 띄워서 수납하면 한눈에 찾을 수 있어요.

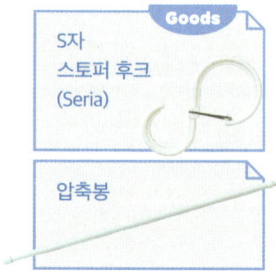

(옷장)

17 넥타이가 미끄러지지 않는 쉽고 확실한 수납법

압축봉을 설치할 자리가 있다면 넥타이를 걸 수도 있습니다. 같은 길이의 압축봉 두 개를 준비하세요. 하나만 있어도 걸 수 있지만, 위쪽 압축봉보다 살짝 안쪽으로 들어가도록 아래쪽 압축봉을 설치하면 넥타이가 흘러내리지 않아요.

이게 바로 전문가의 테크닉! 옷장 벽면 속 데드 스페이스를 활용해도 좋습니다.

Goods
압축봉

(옷장)

18 임시 거치로 시간도 아끼고 주위도 깔끔하게

선반에 고정할 수 있는 ㄷ자 집게 후크는 띄우는 수납에 여러모로 도움이 됩니다. 다음날 입을 옷을 걸어두면 시간을 아낄 수 있어요. 또 귀가 후 가방이나 젖은 옷을 임시로 걸어두는 용도로 쓰면 어질러지지 않습니다.

Goods
가로세로 모두 집을 수 있는 ㄷ자 선반 집게식 후크 (다이소)

선반 집게식 ㄷ자 후크로 띄운다
ㄷ자 집게로 선반을 집고 후크에 옷걸이를 겁니다.

063

19 세면대 주위야말로 띄우는 수납

든든한 수납력
다양한 칫솔 수납 아이템 중에서도 '띄우기', '투명'을 충족시키면 합격.

선입견을 버리고 양치 컵 띄우기
전용 후크를 쓰면 양치 컵도 띄워서 수납할 수 있습니다.

띄우면 눈에도 잘 띈다
필름 링 후크는 세면대에서도 대활약.

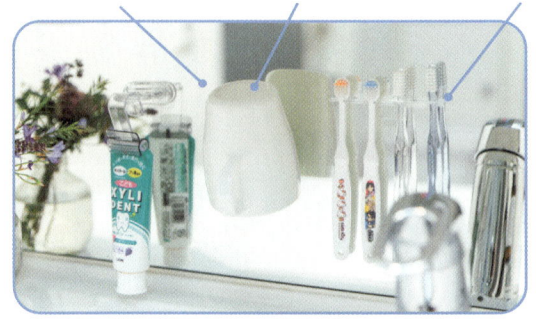

띄운 채 사용
후크에서 빼지 않고도 물비누를 펌핑할 수 있어요.

비누 받침대가 스펀지 받침대로
비누 받침대는 구멍이 뚫려 있어 물이 잘 빠지므로 청소용 스펀지 수납에도 좋습니다.

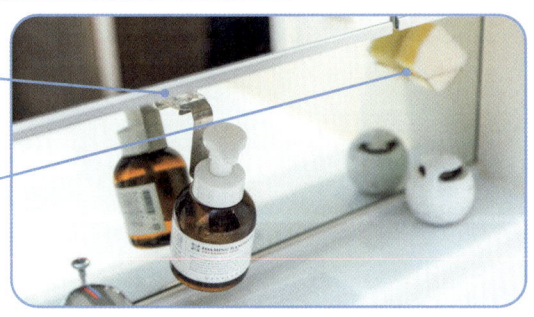

　세면대는 더러워지기 쉬운 장소 중 한 곳. 그래서 수납 아이디어를 더 잘 활용해서 청소하기 쉽게 만들어야 합니다.

　양치질하면서도 스펀지를 꺼내 들고 청소할 수 있게 하고, 치약과 컵을 모두 띄워보세요. 또 바닥에 물때가 끼기 쉬운 칫솔꽂이를 버리고 칫솔을 바닥에서 띄우면 위생적으로도 좋습니다. 세면대에 올려놓는 물건이 없으면 청소하기도 쉽습니다. 꺼내 쓰고 바로 제자리에 돌려놓을 수 있는 청결한 세면대로 만들어 줄 거예요.

치약

필름 후크와 치약 홀더의 조합

필름 링 후크에 치약 홀더로 집은 치약을 걸어서 띄웁니다.

Goods

필름
링 후크
(Seria)

Goods

컵 전용
필름 후크
(Seria)

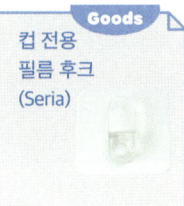

컵

컵 전용 필름 후크에 엎어서 수납

후크를 거울에 붙인 뒤, 컵을 엎어서 띄웁니다. 빨리 말라 위생적이에요.

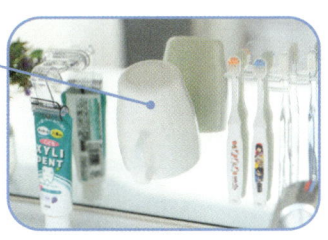

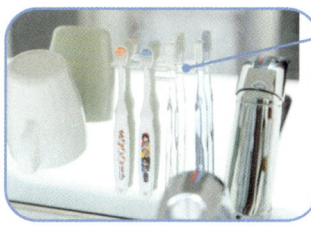

칫솔

칫솔걸이용 필름 후크로 띄우기

투명한 제품을 사용하면 보기에 거슬리지도 않으니 거울에 붙여놓고 쓰기 좋습니다.

Goods

필름
링 후크
(Seria)

스테인리스
병 걸이
(Seria)

물비누

필름 후크와 병 걸이

병 걸이에 매단 병을 거울에 붙인 필름 링 후크에 걸어서 띄웁니다.

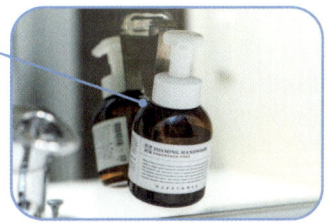

스펀지

필름 후크형 비누 받침대에 수납

필름 후크를 거울에 붙여서 띄웠습니다. 스펀지가 여기 있으면 생각날 때마다 간단히 청소할 수 있어요.

Goods

필름 후크형
물이 잘 빠지는
비누 받침대
(Seria)

> 세탁실·세면대

20 표면이 클수록 벽에 띄우기

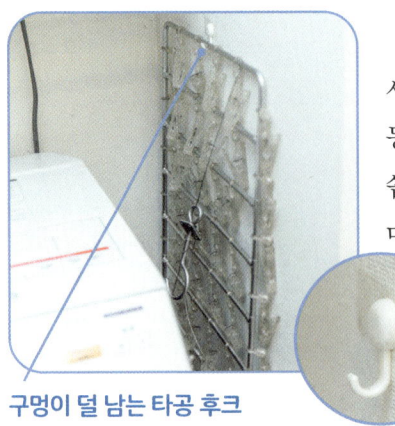

집게 건조대는 띄워서 틈새에 수납해보세요. 후크는 다양한 제품이 있지만, 석고벽 등에는 구멍을 크게 내지 않는 압핀 타입을 씁니다. 압핀 자국이 덜 남게 하려면 처음에 마스킹 테이프로 벽면을 보호하면 좋아요.

구멍이 덜 남는 타공 후크
압핀이 세 개 달린 고리를 벽면에 설치한 뒤, 고리에 집게 건조대를 걸어서 띄웁니다.

집게 건조대의 무게에 주의
무게감 있는 건조대를 걸 때는 후크의 제한 하중에 주의하세요. 후크를 좌우에 두 개 설치할 수도 있습니다.

> 세탁실·세면대

21 청소하기 쉬워야 배수구가 깨끗해진다

욕실 배수구에 쌓이는 오물은 매일 치워보세요. 바로 옆에 청소 도구를 수납해 놓으면 샤워할 때마다 오물을 제거하는 습관을 들일 수 있어요. 세탁실, 세면대의 서랍 안에 후크를 단 뒤, 링 후크에 매단 소형 쓰레기봉투를 띄우면 편합니다. 매일 순식간에 청소 끝!

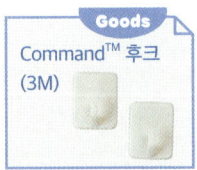

Goods
Command™ 후크 (3M)

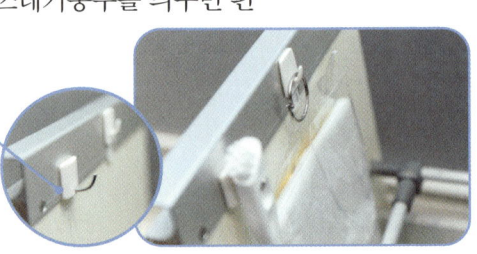

작아서 방해되지 않는다
서랍 안에 부착하는 후크(Seria)는 작아서 틈새 수납에 좋아요. 제가 애용하는 아이템인데 1kg까지 거뜬하게 견딜 수 있습니다.

세탁실·세면대

22 젖은 물건은 띄워서 말리기

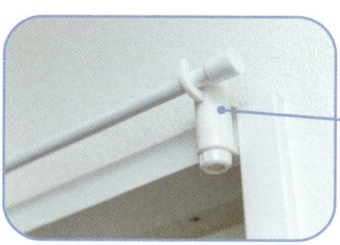

ㄷ자 집게 후크로 수납공간 창조

욕실 문틀 양 끝에 ㄷ자 집게 후크를 설치하고 압축봉을 걸치면 띄우는 수납이 가능합니다.

매트 등도 OK

옷걸이를 이용하면 수건 종류를 띄워서 말리거나 티셔츠 등을 잠시 걸어두는 등 다양한 용도로 쓸 수 있어요.

압축봉

ㄷ자 집게 후크

젖은 매트도 띄우는 수납을 활용하면 말리기 편합니다. ㄷ자 집게 후크를 부착하기 어려운 구조라면 압축봉을 직접 설치하는 방법도 있지만, 축축해진 매트의 무게를 꼭 고려하세요.

23 안경 거치대로 세면대를 더 말끔하게

세안과 메이크업을 할 때는 안경을 벗는 것이 당연지사. 안경 거치대가 있으면 세면대에 올렸다가 안경이 젖는 일은 없겠죠. 컵 전용 필름 후크를 활용해 보세요. 안정감 있는 크기라 안심하고 수납할 수 있습니다. 부착하기 어려운 면에는 필름 후크 보조 시트부터 붙이세요.

컵 전용 필름 후크 (Seria)

24 수납하기 어려운 모양은 자석으로 붙이기

족집게나 눈썹 가위 등 작고 수납하기 어려운 물건은 자석에 붙여 수납하면 편리합니다. 스테인리스 판과 자석이 세트로 구성된 머리핀 홀더를 써 보세요. 수납하고 싶은 자리에 자석을 먼저 붙인 뒤, 그 위에 스테인리스 판을 붙이기만 하면 끝.

머리핀 홀더에 붙여서 띄우기
스테인리스제 머리핀 홀더를 이용해 보세요. 물건을 뗄 때도 홀더의 안정감이 유지되려면 자석이 도톰해야 좋습니다.

25 머리 끈은 사용하는 장소마다 거치대 마련

머리 끈은 색, 종류별로 나누어 후크에 거는 방식이 편합니다. 어디에 둘지 한눈에 알 수 있어 아이들도 스스로 수납할 수 있어요.

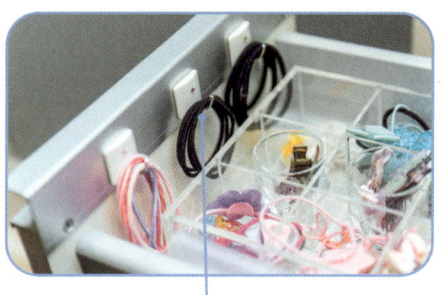

젖은 머리 끈은 따로 걸기
욕실에서 젖은 머리 끈은 마를 때까지 임시로 거치할 곳을 마련해보세요. 마른 머리 끈과 뒤섞이지 않아 좋아요.

후크에 머리 끈 걸기
후크가 너무 작으면 머리 끈이 떨어지기 쉬우므로 머리 끈의 굵기와 양을 고려해서 고르세요.

Goods
접착테이프 후크

26 재촉하지 않고 시간 알려주기

아이 눈높이에 시계를 설치하면 스스로 시간을 의식하며 준비할 수 있습니다. 세면대처럼 벽에 구멍을 뚫고 싶지 않은 곳도 스테인리스 자석 보조판을 설치하면 시계를 띄울 수 있어요.

스테인리스 자석으로 띄우기
자석 달린 시계를 활용해 보세요. 보조판만 있으면 띄우는 수납이 가능합니다.

양문형 세면대 수납장 문 이용법

수납장 문에 와이어 보드를 부착하면 세면대 주위 물건을 띄워서 수납할 수 있습니다. 와이어 보드에 후크나 수납함을 걸면 자잘한 물건도 쉽게 수납할 수 있어요. 이때도 제한 하중을 꼭 확인하세요.

북엔드를 이용하면 부피 큰 드라이어도 띄워서 수납할 수 있습니다. 드라이어를 수납한 상태로 문을 닫을 수 있는지 확인하세요. 마법 테이프를 쓰려면 뗄 때 문 도장이 벗겨지지 않을지 체크해보세요.

중심 공간은 선반이나 서랍처럼 쓰기
압축봉을 설치해 스프레이 등을 띄웁니다. 또 시판 선반으로 상하를 나누어 손잡이 달린 바구니(KEYUCA)나 문서 정리함(무인양품)을 서랍 대용으로 활용하면 서랍장 안쪽까지 알뜰하게 활용할 수 있습니다.

서랍장 문은 띄우는 수납공간
잘 활용하면 문에도 복잡하고 자잘한 물건을 일목요연하게 수납할 수 있습니다.

드라이어 띄울 자리 확보
'북엔드'라는 의외의 아이템으로 드라이어를 띄워보세요. 전용 수납 용품을 사지 않아도 됩니다.

소품 띄우기

문 안에 접착테이프 후크를 붙이고 와이어 보드 걸기

와이어 보드 크기에 맞춰 먼저 오른쪽 위아래에 후크를 붙이고 보드를 건 뒤, 보드의 왼쪽 위아래에 후크를 건 상태에서 후크를 부착합니다. 이렇게 아래에도 후크가 있어야 문을 여닫을 때 보드가 덜컹거리지 않습니다.

와이어 용기 또는 후크 고정하기

청소 도구나 비품 등 와이어 보드로 띄울 수 있는 물건은 걸어두세요. 와이어 용기처럼 돌출된 아이템을 걸 때는 문을 여닫을 때 방해되지 않는지 확인하세요.

드라이어 걸기

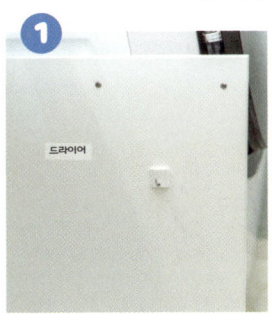 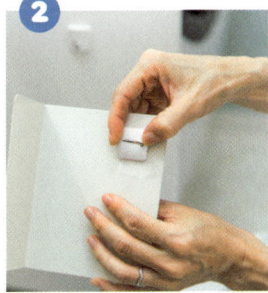 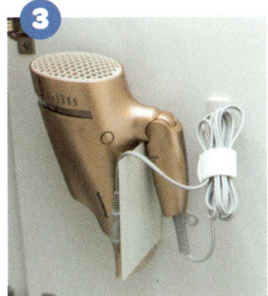

문에 후크 부착하기

위치를 대략 정했으면 일단 문에 후크를 붙입니다. 이 후크에는 드라이어의 코드를 걸 거예요.

북엔드에 후크 부착하기

북엔드(다이소)에도 후크를 붙여 드라이어가 떨어지지 않게 합니다. 저는 세로 11×가로 14×깊이 7cm 크기의 북엔드를 씁니다.

북엔드에 마법 테이프 붙이기

북엔드에 마법 테이프를 붙인 뒤, 문에 북엔드를 고정합니다. 드라이어 손잡이를 접어 북엔드에 꽂으면 끝.

27 욕실용품은 모두 띄워서 깔끔하게

**자석이 붙어 있어
원터치 수납**

면도기는 아이 손이 닿지 않는 곳에 붙입니다. 튜브 종류도 간단하게 수납해보세요.

**바닥이 넓은
샴푸 등은 반드시 띄우기**

병 걸이에 걸어둔 상태로 펌핑할 수 있습니다.

필름 후크는 만능

머리 끈 전용 후크가 있으면 편리해요.

필름 후크 비누 받침대

받침대 아래 구멍 덕에 물이 잘 빠져서 위생적입니다.

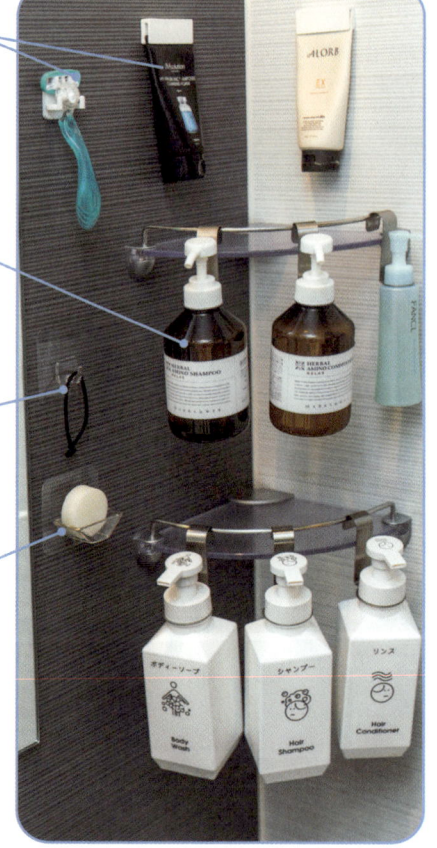

 욕실은 환기가 특히 중요해요. 선반이 있어도 샴푸를 띄워놓으면 물 빠짐이 좋아 샤워 후에도 금방 뽀송뽀송한 환경으로 돌아갑니다.

 요철이 있는 벽에 필름 후크를 붙일 때는 잊지 말고 보조 시트부터 붙이세요. 스테인리스 병 걸이는 잘 녹슬지 않아 욕실에 안성맞춤이지만, 병 크기에 맞춰 구입해야 합니다.

 모든 용품을 띄워서 수납하면 선반이나 병 바닥에 물때 생길 염려가 사라져 욕실 청소가 정말 편해집니다.

면도기
**자석 달린
면도기 홀더에 부착**

면도기 전용 홀더를 이용합니다.

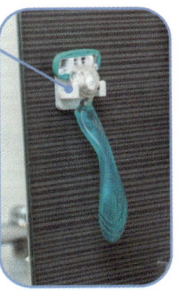

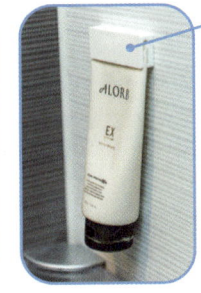

튜브류
**자석 달린
튜브 홀더로 띄우기**

튜브를 끼우기만 하면 수납 끝.

Goods
자석 달린
튜브 홀더

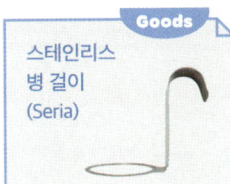

Goods
스테인리스
병 걸이
(Seria)

병류
**병 걸이에
걸어서 띄우기**

병 본체와 펌프 사이에 병 걸이를 끼웁니다. 띄운 상태에서 펌핑할 수 있어요.

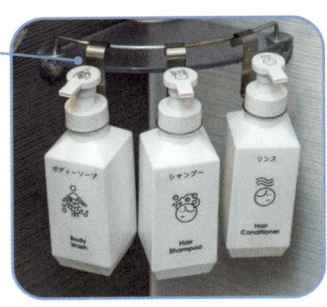

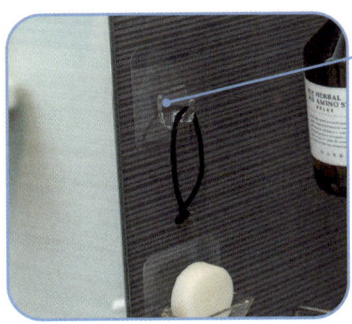

머리 끈
필름 후크에 걸기

샴푸 후 머리 정리 때 씁니다. 욕실을 나설 때 머리 끈을 들고나온 뒤에는 완전히 말립니다.

Goods
필름 후크

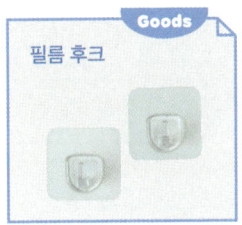

Goods
필름 후크형
물이 잘 빠지는
비누 받침대(Seria)

비누
**필름 후크
비누 받침대에 수납**

가족 모두가 쓰고 되돌려 놓기 좋은 자리에 붙이는 것이 핵심입니다.

28 띄워서 수납하면 집안일 분담이 쉽다

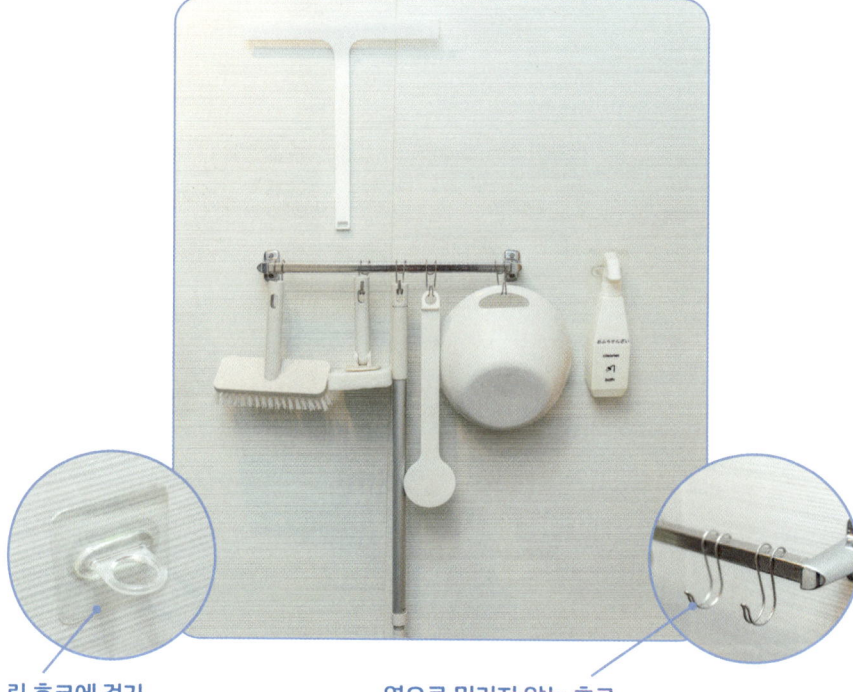

링 후크에 걸기
보조 시트 위에 붙인 필름 링 후크에 스프레이 병을 걸어 띄울 수 있습니다.

옆으로 밀리지 않는 후크
옆으로 밀리지 않는 후크(무인양품)는 제자리에 고정되므로 청소 도구를 뺄 때 후크가 떨어지거나 밀리지 않습니다.

    욕실 청소 도구도 띄우는 수납으로 통기성을 높이세요. 특별한 동작 없이 바로 수납할 수 있고 솔이나 스펀지 부분도 금방 말라 위생 유지에 좋습니다. 대야도 같이 띄워서 수납하면 바닥에 놓는 것보다 훨씬 빨리 마른답니다.

    욕실 청소는 도구 준비가 번거로운 탓에 미루기 일쑤죠. 욕실 한편에 청소 도구를 모아서 수납하면 즉시 청소를 시작할 수 있어 시간도 절약됩니다. 아이들도 도울 수 있게 낮은 곳에 설치해 보세요.

화장실

29 북엔드로 선반 띄우기

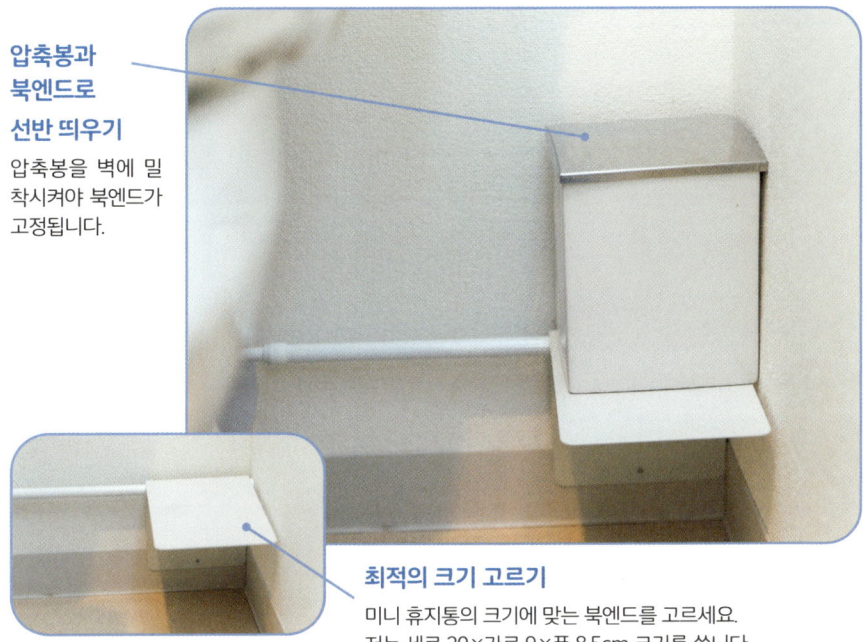

압축봉과 북엔드로 선반 띄우기
압축봉을 벽에 밀착시켜야 북엔드가 고정됩니다.

최적의 크기 고르기
미니 휴지통의 크기에 맞는 북엔드를 고르세요.
저는 세로 20×가로 9×폭 8.5cm 크기를 씁니다.

화장실 바닥은 청소가 까다롭습니다. 휴지통이 바닥에 있으면 청소할 때마다 치워야 해서 번거롭지요.

그래서 휴지통을 바닥에서 띄웁니다. 두 가지 아이템으로 의외의 조합을 만들 수 있어요. 압축봉과 벽 사이 틈에 북엔드의 짧은 면을 끼우기만 하면 미니 휴지통 받침대가 만들어진답니다. 벽이 스토퍼 역할을 해 북엔드가 기울어지지 않아요.

Tips

선반 용도는 매우 다양
미니 휴지통 외에 티슈형 변좌 클리너를 두는 등 다양한 물건을 바닥에서 띄울 수 있습니다.

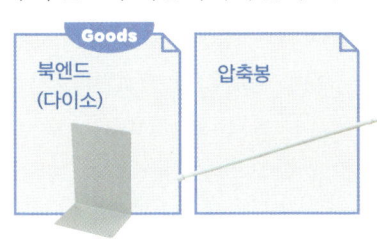

Goods: 북엔드 (다이소), 압축봉

30 청소 도구는 집기 쉽고 보이지 않게

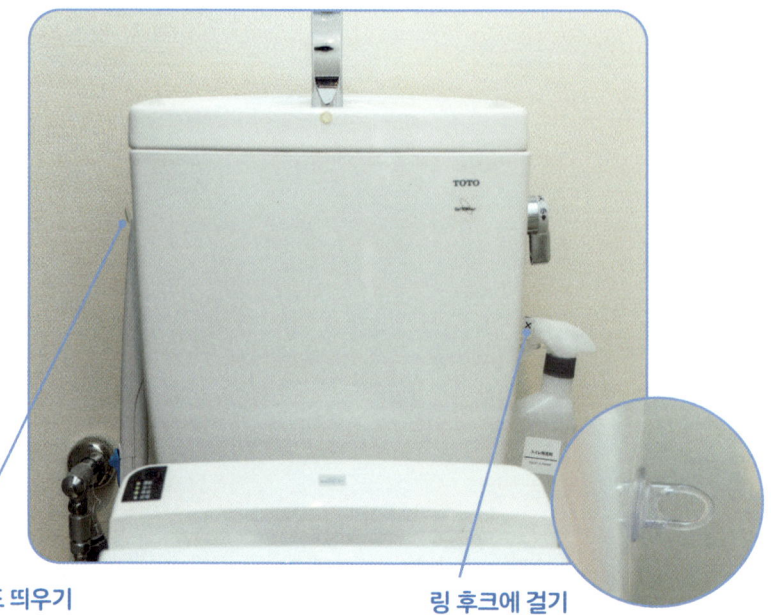

청소 솔도 띄우기
물 내림 레버 반대편에 필름을 붙여 청소 솔을 걸 수 있습니다.

링 후크에 걸기
필름 링 후크에 청소용 스프레이 병을 걸 수 있습니다.

　화장실 청소 도구를 둘 장소가 마땅치 않다면 필름 후크를 써보세요. 필름 부분이 커서 튼튼하게 붙는 데다 후크의 모양에 따라 여러 용도로 활용할 수 있습니다. 도구의 모양에 맞춰 후크를 선택한 뒤, 안 보이는 위치에 띄우면 됩니다.
　하부 수납장이 있어도 일일이 꺼내쓰기보다 화장실에 들어간 김에 즉시 청소까지 할 수 있다는 점이 '띄우는 수납'의 장점입니다. 청소 도구를 집기 쉽게 해놓으면 늘 깨끗한 상태를 유지할 수 있습니다.

주방

31 키친타월은 띄워서 꺼내기 쉽게

키친타월은 서랍 안에 압축봉을 걸쳐 수납하면 먼지도 묻지 않고, 주방 환경도 깔끔해져서 좋습니다. 쓸 때는 돌돌 풀어 필요한 만큼 뜯어 쓰면 다시 정리할 필요도 없지요. 압축봉을 설치할 때는 제품의 크기를 고려하세요.

Goods
압축봉

주방

32 서랍 안 수납 요령으로 조리 시간을 짧게

주방 도구는 모양이 제각각이라 수납이 까다롭습니다. 주방 가위만 해도 눕혀두면 자리를 많이 차지하는데 그렇다고 세우기도 어려운 모양입니다. 이럴 땐 서랍 안에 필름 후크를 붙이고 손잡이를 걸어주면 주방 가위도 띄울 수 있습니다. 띄워서 수납하면 서랍 안 수납력이 늘어날 뿐 아니라 넣고 빼기도 쉬워 집안일에 드는 시간도 단축됩니다.

Goods
필름 후크 미니

> 주방

33 사용 장소 가까이에 수납하면 편리

후크로 주방 도구 띄우기
띄워서 수납할 수 있는 주방 도구가 많습니다. 서랍 속 작은 틈까지 활용하세요.

띄우면 좁은 틈새도 수납공간으로 변신
문서 정리함에 붙여 띄울 수도 있습니다. 후크를 이용하면 작은 틈새도 띄우는 수납공간이 됩니다.

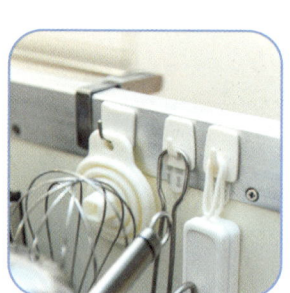

Goods
필름 후크 (Seria)
접착테이프 후크 (Seria)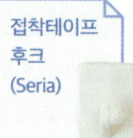

주방에서는 '사용 장소 가까이에 수납하기'가 원칙. 넣고 뺄 때마다 이리저리 옮겨 다녀야 한다면 집안일 하는 시간만 늘어납니다.

> 주방

34 레인지 후드 옆면에도 띄워서 수납

고무 장갑은 사용 빈도가 높으므로 싱크대 주변에 수납합니다. 집게를 쓰면 젖은 고무장갑을 말리면서 수납까지 할 수 있어 좋지요. 주방 타월이나 행주도 집게로 걸어두면 편합니다.

싱크대에 선 채 손만 뻗으면 닿는 곳에
키친타월용 걸이에 고무장갑 집게를 걸어 물기가 잘 마르게 해 보세요. 싱크대에서 한 발짝도 움직이지 않고도 집을 수 있는 곳에 수납하는 것이 가장 좋습니다.

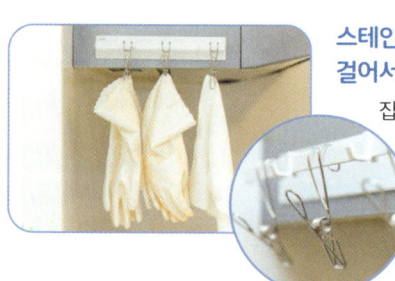

스테인리스 집게로 걸어서 띄우기
집게나 클립은 취향에 따라 고르세요. 단, 잘 녹슬지 않는 스테인리스가 좋습니다.

35 자주 쓰는 물건일수록 바로 꺼낼 수 있게

물을 쓴 후 바로 바를 수 있도록 핸드크림은 싱크대 옆에 두는 것이 좋습니다. 클립으로 집어서 걸어두면 그 상태로 뚜껑만 열고 쓸 수 있어요. 머리 끈도 함께 수납하면 조리 시 머리를 묶을 수 있어 편하지요. 물일을 하고, 손을 닦고, 핸드크림을 바르는 동작의 흐름이 자연스럽게 이어지는 장소를 찾아보세요.

스테인리스 걸이식 클립(무인양품) — Goods

36 주방에서 쓰는 물건은 주방에 수납

앞치마도 자리를 정해두면 편합니다. 수납장 문 안이라면 자리도 차지하지 않아요. 수납장이 양문형이면 동선이 짧은 쪽 문 안에 걸어두세요.

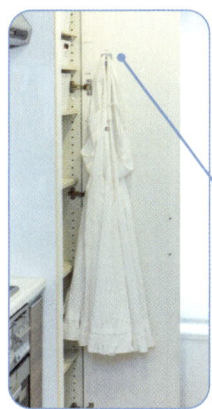

걸기만 하면 간편 수납
수납장 문 안에 후크를 붙여서 띄워보세요. 장소만 정해두면 사용한 뒤 바로 돌려놓을 수 있어요.

후크는 쓰기 편한 모양을 선택
후크 부분이 너무 작으면 수납하기 어려우니 주의. 제한 하중이 1kg 이상이면 든든. 사진은 3M 강력 후크입니다.

앞치마

079

37 원아 수첩, 펜 등은 한 군데에 띄워서 수납

튜브 홀더 (Seria)

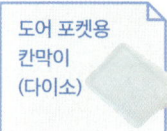

도어 포켓용 칸막이 (다이소)

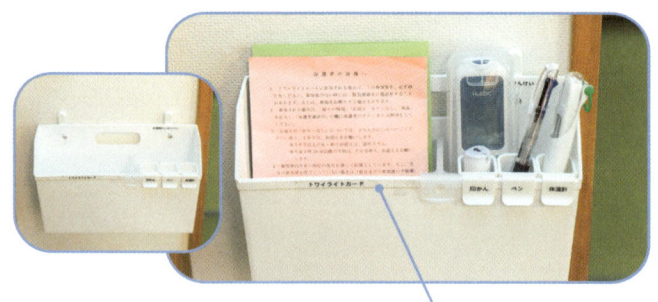

원아 수첩과 펜 등은 세트로 보관하면 좋습니다. 체온계도 보통 구급상자에 넣어두지만, 어린 자녀가 있다면 가까이 두는 것이 훨씬 편하지요. 칸을 나눌 때는 냉장고용 칸막이를 활용해 보세요. 아이 손이 닿는 높이에 설치하는 것이 중요합니다.

넣고 빼기 좋은 오픈형 수납함

타공 후크에 저가 생활용품점에서 구매한 수납함을 부착합니다. 펜을 꽂을 때는 튜브 홀더를 이용해도 좋아요.

38 아이 키에 맞춰 게시판 띄우기

양면 자석 시트

아이가 매일 아침, 귀가 후에 해야 할 일을 했는지 글과 그림으로 표시하는 칭찬 스티커 판을 만들어보세요. 화이트보드 뒤에 강력 자석을 붙여 띄울 수 있습니다. 할 일을 '눈에 보이게' 만들어두면 시키지 않아도 어떤 순서로 움직일지 스스로 생각하고 준비할 수 있게 됩니다.

39 티슈는 보이지 않는 곳에

티슈는 필요할 때 바로 뽑아 쓸 수 있어야 하지만, 테이블 위에 두면 걸리적거리기 쉽습니다. 이럴 땐 테이블 아래에 수납공간을 만들어보세요. 압축봉을 설치할 수 있는 형태라면 압축봉 두 개로 티슈 박스를 테이블 아래에 고정하면 됩니다.

압축봉을 설치할 수 없다면 티슈 박스 전용 아이템을 활용하세요. 원래는 벽에 붙이기 위한 용도지만, 접착테이프가 있으므로 테이블 아래에 띄워서 수납할 수도 있습니다. 이처럼 도무지 수납할 방법이 없어 보이는 장소라도 아이디어만 있으면 방법을 찾을 수 있습니다.

압축봉 설치
티슈 상자 바닥이 테이블 상판 아랫면에 딱 붙도록 압축봉을 설치하세요.

접착테이프가 달린 제품을 테이블 아래에 부착
마스킹 테이프로 기초 작업을 한 뒤, 벽 부착용 티슈 거치대를 테이블 아래에 붙입니다. 다양한 제품이 있는데 접착력이 약할 때는 마법 테이프로 고정하세요.

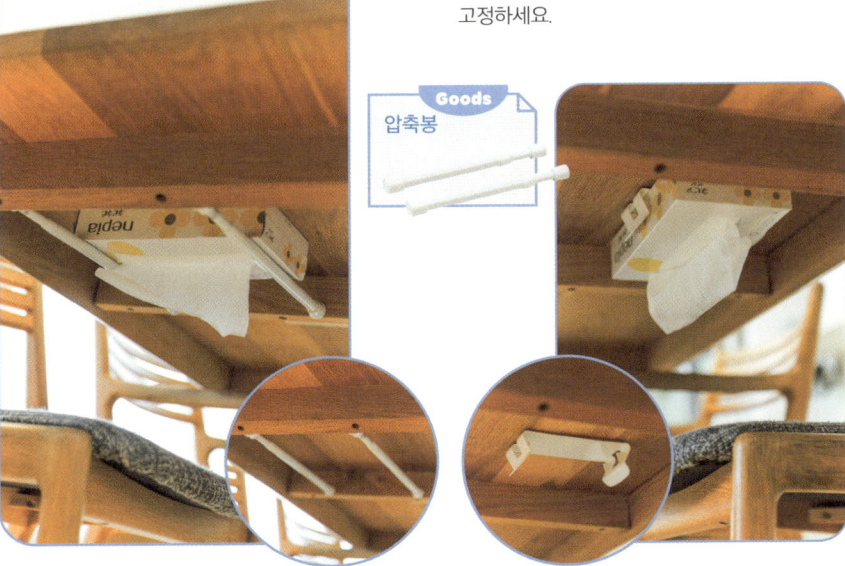

40 전기코드를 띄울 때 본체 이용

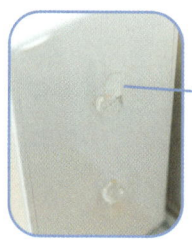
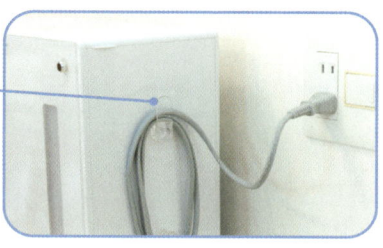
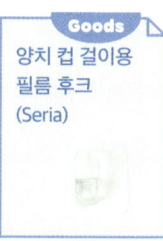

Goods
양치 컵 걸이용
필름 후크
(Seria)

다루기 까다로운 전기코드는 필름 후크를 이용해 수납해보세요. 사진 속 후크는 원래 양치 컵 걸이용인데 하나는 원래 방향대로, 하나는 뒤집어서 가전제품 본체에 붙였더니 깔끔하게 정리됐어요. 바닥에 전기코드가 늘어져 있지 않으니 청소도 쉬워집니다.

41 벽에 걸어 충전하면 스마트폰 코드도 깔끔

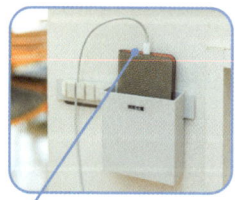

벽에 자석 걸이 보조판을 달고 자석 막대와 포켓을 붙이면 벽에 띄우는 충전 거치대 완성! 코드를 잡아주는 전기코드 클립은 4줄 고정형을 선택하면 바닥에 늘어지지 않게 정리할 수 있어요.

**코드가 바닥에
끌리지 않아 깔끔**
전기코드 클립을 써 보세요. 코드를 확실히 잡아주고 빼내기도 쉽습니다.

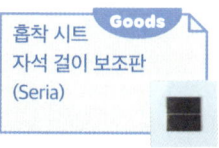

Goods
흡착 시트
자석 걸이 보조판
(Seria)

**자석 막대에
포켓과 클립 부착**
자석 걸이 보조판 위에 자석 막대(무인양품)를 붙인 다음, 문서 정리함에 붙여 쓰는 펜꽂이(무인양품), 접착 스티커 달린 전기코드 클립(Seria)을 붙입니다.

Tips
스마트폰이 쏙 들어가는 포켓
문서 정리함에 붙일 수 있는 포켓(무인양품)이 스마트폰 거치에 편리합니다.

 **거실·다이닝 룸**

42 TV 청소 도구는 TV 뒤에

TV처럼 짙은 색 가전제품은 먼지가 눈에 잘 띄므로 바로 꺼내 쓸 수 있는 곳에 청소도구를 수납합니다.

TV 뒷면에 필름 링 후크를 붙이면 핸디형 먼지떨이를 띄워서 수납할 수 있습니다. 정면에서는 보이지 않으면서 필요할 때 찾으러 이동하는 번거로움이 사라져 청소가 쉬워집니다. TV 뒷면에 매끈한 자리가 없다면 필름 보조 시트지를 붙이세요.

Goods 필름 링 후크 (Seria)

 **거실·다이닝 룸**

43 베란다용 슬리퍼는 띄워서 수납

베란다용 슬리퍼를 바닥에 두면 비가 들이치거나 물 청소 때 젖을 수 있으니 띄워서 수납합니다.

이때 흡착 시트로 고정할 수 있는 수건걸이를 활용해 보세요. 원래 용도와는 다르지만, 물 빠짐도 좋고 사용도 편리해 슬리퍼 거치대로 안성맞춤입니다. 슬리퍼를 확실히 잡아주는 데다 뗄 때 흔적이 남지 않아 더욱 좋아요.

▶ 유리에 수건걸이를 붙여 끼워두기

붙였다 뗐다 할 수 있는 흡착 시트 수건걸이(Seria)를 쓰면 웬만한 슬리퍼는 다 잘 고정됩니다.

44 여분의 물품 옆에 확인표 띄우기

클립 보드를 문 안쪽에 부착
클립 보드(penco)는 후크에 걸 수 있는 구멍이 있어 편리합니다. 문에 요철이 있을 때는 마스킹 테이프를 붙인 뒤에 부착하세요.

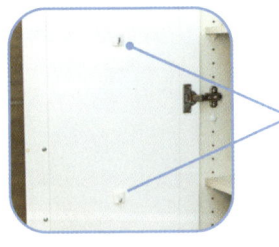

후크는 위아래 두 개를 붙인다
문을 여닫을 때 클립 보드가 덜렁거리는 것을 막는 스토퍼용으로 보드 아래쪽에도 후크를 붙입니다.

Goods
접착테이프
후크

    수납 장소가 있어도 물건을 많이 사들이면 수납 용량을 초과해 집 안이 어지러워집니다. 그럴 때 여분 확인표를 활용해 보세요.
    확인표에는 주방, 세면대 등 장소별로 쓰는 소모품 목록을 정리합니다. 특정 장소를 지정할 수 없을 때는 '일용품'으로 분류하세요. 여분을 소진하면 표시해 두었다가 월에 한 번 표를 확인하고, 그때 여분까지 소진한 물건만 구매합니다. 이렇게 하면 과다하게 사거나 잊고 사지 않는 일이 없어집니다. 여분 확인표는 문 안에 띄워서 수납하면 자리도 차지하지 않습니다.

> 작업공간

45 서류는 잘 보이게 띄워서 잊지 않도록

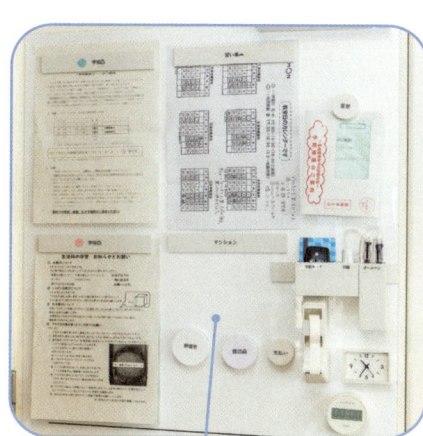

중요한 서류는 눈에 잘 띄도록 가족이 매일 지나다니는 곳에 설치한 화이트보드에 붙입니다.

여러 장을 붙일 수 있는 자석 막대(무인양품)에 라벨링을 해 서류 및 인쇄물 등을 게시합니다. 기한이 지나면 즉시 처분하고 자석 집게(무인양품)도 용도별로 준비하세요.

테이프와 가위, 필기구 등 함께 두면 편리한 도구까지 같이 띄워서 수납하세요. 자석 테이프 커터(선스타 문구)는 한 손으로도 테이프를 자를 수 있어 편합니다. 펜류는 자석 막대에 붙인 펜꽂이 안에 수납하세요.

화이트보드에 게시
중요한 서류는 숨겨 두면 잊거나 잃어버리기 쉽습니다. 화이트보드는 적당한 크기에 자석을 붙일 수 있는 것으로 준비하세요.

Goods
ABS 자석 클립 (무인양품)

---Tips
자석 막대는 일 인당 하나씩
자석 막대는 가족 수대로 준비합니다. 따로 붙여야 서류가 섞이지 않고, 파악하기 쉬우며, 잊지 않고 처리할 수 있습니다.

게시판 서류에 쓸 문구도 모두 띄우기
펜류 등을 수납할 때는 문서 정리함용 펜꽂이(무인양품)를 쓰면 좋습니다. 테이프도 자석 테이프 커터를 붙이면 편합니다.

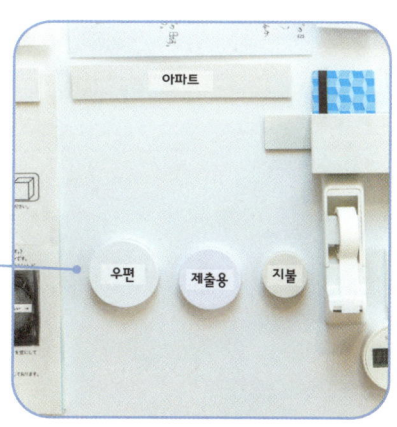

COLUMN

우편물, 서류용 '임시 수납 장소'를 만든다

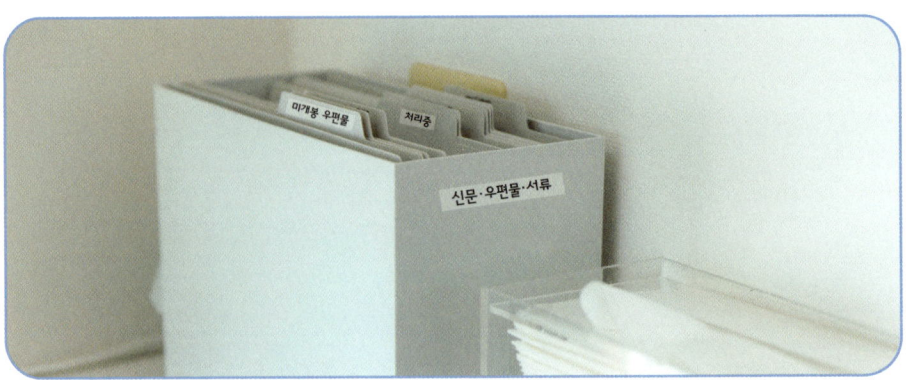

우편함에서 꺼낸 고지서, 중요 서류를 아무 데나 던져두면 분실할 우려가 있습니다. 화이트보드도 자리에 한계가 있고, 매일 파일링(p.116)하기도 쉽지 않습니다.

그래서 저는 우선 우편물을 들고 들어오면 현관에서 바로 필요한 것과 필요치 않은 것을 나누고, 필요치 않은 것은 그 자리에서 휴지통에 버립니다.

그리고 필요한 것만 들고 와 일단 구분함에 수납합니다. 이 함에는 '우편 미개봉', '청구서', '처리 중', '파일 보관' 외에 가족 각자의 폴더도 준비되어 있습니다. '우편 미개봉'에 넣은 우편물은 1주일에 한 번 한꺼번에 개봉합니다.

이처럼 임시 수납 장소를 마련하면 어디 뒀는지 잊거나 어질러지지 않습니다.

POINT 1 구분함은 바로 확인할 수 있는 곳에

폭 15cm의 폴리프로필렌 문서 정리함(무인양품)과 개별 폴더(고쿠요)가 편합니다. 다만, 이 구분함을 서랍이나 선반 안에 숨기면 '열어서 꺼내는' 동작이 필요해지므로 별다른 동작 없이 꺼낼 수 있는 장소에 두세요.

POINT 2 개별 폴더에 라벨링

가족 수와 생활에 맞춰 폴더를 준비하고 라벨링합니다. 우편물 등은 모두 여기 보관합니다.

POINT 3 구분함에는 잠시만 보관

구분함은 어디까지나 임시 수납 장소입니다. 개별 폴더가 가득 찰 만큼 오래 보관하면 처리하기가 번거로워집니다. 매주 한 번 규칙을 정해서 처리하면 시간도 크게 걸리지 않아요.

PART
3

세우는 수납

일목요연하며 관리하기 쉽다

깔끔하게 정돈되어
무엇이 어디에 있는지 한눈에 들어오는 수납.
수납의 정석이라 할 수 있는 기법이
바로 '세우는 수납'입니다.
집 안이 잘 관리된 최상의 공간으로 바뀔 거예요.

> 기본

세우면 한눈에 파악된다

세우는 수납의 강점은 한눈에 파악된다는 점

세워서 수납하면 더 많이 수납할 수 있을 뿐 아니라 무엇이 어디 있는지 일목요연하다는 이점이 있습니다. 문서 파일을 떠올리면 쉽게 이해될 것입니다. 책장에 세워서 꽂아두면 파일의 제목과 작성자를 한눈에 알 수 있지요. 이렇게 보자마자 전체를 파악할 수 있다는 점이야말로 세우는 수납의 강점입니다.

뒤지고 찾는 수고에서 해방될 수 있는 믿음직한 수납 기법이지요. 게다가 세우는 수납은 보기 좋다는 이점도 있습니다. 집 안이 몰라보게 변할 거예요.

하나를 집으려면 다른 하나를 치워야
물건을 겹쳐두면 집는 데 여러 동작이 필요할 뿐 아니라 어디 있는지도 알기 어렵습니다.

수납함에 세우기
프라이팬, 냄비, 뚜껑 등을 세워서 수납하면 한눈에 파악됩니다.

세우는 수납의 장점

- 꺼내기 쉽다
- 깊은 서랍도 한눈에 파악
- 여분을 확인하기 쉽다
- 보기도 깔끔하다

세워서 수납하면 집 안 물건이 한눈에 들어옵니다. 뒤섞이기 쉬운 서랍 내부도 위에서 내려다보면 단숨에 내용물을 알아볼 수 있지요. 당장 쓰는 물건은 물론이고 여분의 식품, 세제도 파악하기 쉬워요.

세우는 수납에 적합한 장소

- 깊은 서랍 속
- 깊은 상자 속 등

책장뿐 아니라 깊이가 있는 수납공간은 '세우는 수납'이 정답. 수납한 물건이 한눈에 들어와 꺼내기도 쉽고 돌려놓기도 쉬워집니다.

세우면 좋은 물건

- 의류
- 식품
- 여분의 일용품 등

옷이나 식품 등 '무엇이 얼마나 있는지' 파악하기 어려운 물건일수록 세워서 수납하세요. 돈 낭비를 막을 수 있어요. 세우기 어려운 모양도 상자와 칸막이를 이용하면 세울 수 있습니다.

세울 때 주의점

- 각진 상자를 사용

곡선 형태의 상자를 쓰면 데드 스페이스가 생깁니다. 각진 상자라야 빈틈없이 수납할 수 있어요. 또 키 작은 물건을 수납 장소 깊은 곳에 넣어 두면 눈에 띄지 않으므로 가장자리에 걸거나 받칠 물건을 깔아 수납 위치를 높이면 좋습니다.

세우는 수납의 기본 도구

핵심 도구는 아래 네 종류로 나눌 수 있지만, 압축봉이나 자석을 이용해서 세울 수도 있습니다.

문서 정리함

원래 용도는 문서 수납이지만, 다양하게 활용할 수 있습니다. 흰색은 깔끔하지만, 속을 볼 수 없다는 단점도 있습니다. 장소와 물건 종류에 따라 반투명 또는 사선 오픈형을 선택하세요.

폴리프로필렌 문서 정리함(무인양품), 폴리프로필렌 사선 오픈 문서 정리함(무인양품)

북엔드

책에만 쓰기는 아까운 아이템. 식품이나 의류를 고정할 때도 좋고, 냉장고 정리에도 쓸 수 있어요. 다양한 형태와 크기가 있으므로 장소와 용도에 맞게 선택하세요.

북엔드(다이소)

스탠드

온갖 물건을 종류별로 구분해 세울 수 있어 활용도 만점 아이템! 스탠드 자체가 안정감이 있어 수납한 물건도 쓰러지지 않아요. 투명 제품을 쓰면 수납 물품이 잘 보입니다.

아크릴 칸막이 스탠드(무인양품)

기타

혼자 세울 수 있는 모양이라도 사각 정리함을 이용하면 자리를 정할 수 있습니다. 또 문서 정리함을 여러 개 붙여 쓸 때 움직이지 않도록 연결하는 부품 등 편리한 도구가 많습니다.

사각 정리함, 문서 정리함 커넥터(다이소)

기본 46. 일회용 비닐봉지는 압축봉으로 세우기

① 비닐봉지 상자의 옆면을 절단
상자의 원래 입구는 뜯지 말고 둔 채 한쪽 옆면을 잘라냅니다.

② 압축봉으로 상자를 고정
서랍 안에 세우고 압축봉으로 고정. 이렇게 하면 서랍을 여닫을 때 쓰러지지 않아요.

상자 옆면을 잘라내고 세운 뒤, 압축봉으로 고정해 쓰러지지 않게 하면 끝! 다른 수납 기법이 눈에 들어오지 않을 만큼 간단한 방법입니다. 수납함 등의 별도 아이템도 필요 없어요.

종류와 크기가 다른 상자가 많아도 위에서 내려다보면 바로 내용물을 알 수 있는 데다가 압축봉으로 고정했으니 한 장씩 뽑아 쓰기만 하면 되지요. 지극히 단순한 방법이지만, 스트레스가 크게 줄어듭니다.

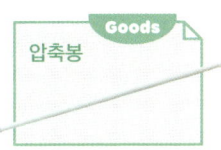

Goods 압축봉
쓰러지지 않게 하려는 목적으로 쓸 때는 제한 하중을 고려하지 않아도 됩니다.

47 스케이트 보드는 도마꽂이로 세우기

스케이트 보드는 수납이 고민될 만큼 크기가 큽니다. 눕혀두면 애꿎은 자리만 차지하는 데다 밖에서 쓰는 물건이라 실내에 수납할 수도 없지요.

이럴 때는 역시 세우는 수납이 정답. 띄우는 수납을 고려할 수도 있지만, 무게가 상당해서 세우는 수납을 선택했습니다.

저가 생활용품점에서 도마꽂이를 사 와서 벽에 석고보드용 핀으로 고정하기만 하면 됩니다. 핀 하나에 압핀이 서너 개 있는 제품을 써야 거칠게 다루어도 떨어지지 않습니다.

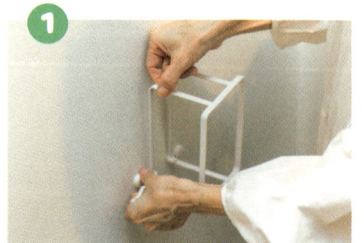

도마꽂이를 핀으로 고정
도마 꽂는 부분을 벽에 댄 상태에서 핀으로 고정합니다. 스케이트 보드 바퀴를 걸어서 세울 수 있는 높이에 고정하세요.

네 군데를 고정
핀을 상하좌우 네 군데에 설치하면 끝.

48 조리 도구는 위에서 내려다보도록

싱크대 하부장의 깊은 서랍은 세우는 수납에 적격입니다. 프라이팬 등을 겹쳐서 수납하면 넣고 뺄 때 여러 동작이 필요하고 게다가 어디에 무엇이 들어있는지 알기도 어렵습니다.

냄비와 프라이팬 등 부피 큰 도구는 문서 정리함을 이용해 세워보세요. 단, 손잡이 달린 프라이팬은 이 방법을 적용하기 어려우므로 별도로 후크를 달거나 전용 스탠드를 쓰면 좋습니다.

사진에서 길쭉한 도구를 세울 때 쓴 아이템은 안경 서랍인데 서랍은 빼고 틀만 이용했습니다.

문서 정리함을 이용
냄비나 프라이팬 크기에 맞춰 10cm, 15cm짜리를 배치합니다.

아크릴 케이스 이용
안경 서랍의 서랍을 빼고 틀만 세워 씁니다. 짤막한 물건은 펜꽂이를 걸어 수납하세요.

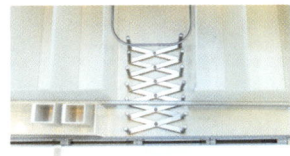

접이식 벽걸이 활용
빈자리에 맞게 펼쳐서 쓰세요.

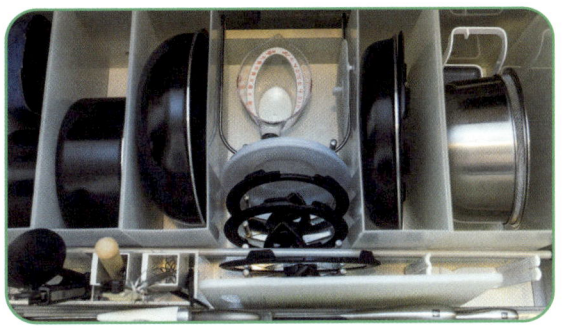

Goods

폴리프로필렌
문서 정리함
(무인양품)

문서 정리함에는 프라이팬이나 냄비, 볼 외에 양념통, 물병, 키친타월, 청소 도구, 반찬통, 저장 식품, 파티 아이템도 수납할 수 있습니다.

안경, 소품용
아크릴 서랍
(무인양품)

폴리프로필렌
문서 정리함용
펜꽂이
(무인양품)

49 옷은 접은 뒤 세워서 수납

　서랍 속은 종류별로 나눈 뒤, 세워서 수납하면 물건 찾기가 쉽습니다. 또 수납함을 이용하면 일목요연하게 수납할 수 있는데, 이때 라벨링까지 해두면 시간이 흘러도 뒤섞이지 않습니다. 사진 속 수납함은 SKUBB(이케아).

Tips

수납함은 사각이 좋다

수납함은 모퉁이가 둥근 제품이 아니라 각진 제품을 쓰세요. 데드 스페이스 없이 알뜰하게 수납할 수 있습니다.

50 양말 수납에는 보조 도구 활용

　양말을 세워서 수납할 때는 저가 생활용품점에서 살 수 있는 보조 아이템을 이용해 보세요. 일정한 폭으로 수납할 수 있어 보기에도 깔끔합니다.
　전용 걸이의 경우, 걸이 하나에 좌우 양쪽 양말을 겹쳐서 수납합니다.

페이크 삭스는 전용 걸이에

페이크 삭스는 개기도 어렵지만, 그렇다고 서랍 속에 던져놓으면 신을 때 제 짝을 찾느라 애먹기 일쑤입니다. 사진 속 전용 걸이는 Seria의 SOCKSHANGER.

양말은 양쪽을 겹친 뒤 돌돌 말아 쏙

양말 수납이 어려운 사람은 컵에 넣기만 해도 해결됩니다. 저가 생활용품점의 양말 컵이 좋습니다. 양쪽 양말을 겹친 뒤, 말아 넣으면 깔끔하지요.

COLUMN

세워서 수납할 때 옷 개는 법

옷은 층층이 포개서 수납하기 일쑤지만, 아래 방식으로 개면 세워서 수납할 수 있습니다. 좋아하는 옷이 한눈에 들어올 때마다 기분도 좋아집니다.

티셔츠

1. 몸통 쪽으로 소매 접기
중심선과 어깨 끝의 중간 지점에서 소매를 몸통 쪽으로 접어줍니다.

2. 다른 한쪽도 접기
반대편도 같은 방식으로 접어줍니다.

3. 밑단을 어깨 쪽으로 접어 올리기
밑단을 목둘레선까지 접어 올립니다.

4. 반으로 접기
다시 한번 길이 방향으로 반 접어줍니다.

긴 소매 스웨터

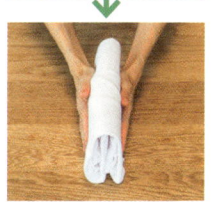

1. 소매를 몸통 쪽으로 접은 뒤 내리기
티셔츠와 마찬가지로 중심선과 어깨 끝의 중간 지점에서 소매를 몸통 쪽으로 접어줍니다. 소매를 몸통 옆선에 맞춰 접어 내립니다.

2. 다른 한쪽도 접기
반대편도 같은 방식으로 접어줍니다. 소매를 접을 때 어깨를 누르면서 접으면 깔끔하게 접을 수 있습니다.

3. 밑단을 어깨 쪽으로 접어 올리기
밑단을 목둘레선까지 접어 올립니다.

4. 반으로 접기
다시 한번 길이 방향으로 반 접어줍니다.

후드티

① 소매를 안으로 접은 뒤 내리기
등판이 위로 오게 놓은 상태에서 모자 폭에 맞춰서 몸통 안쪽으로 접은 뒤, 소매를 접어 내립니다.

② 다른 한쪽도 접기
반대편도 같은 방식으로 접어줍니다.

③ 길이를 삼등분
밑단을 전체 길이의 삼분의 일 지점까지 접어 올린 다음, 다시 한 번 접어 올립니다.

④ 모자 속으로 몸통 넣기
모자를 뒤집어서 몸통을 감싸주세요.

바지

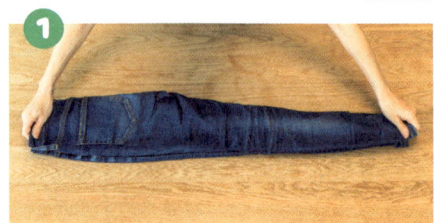

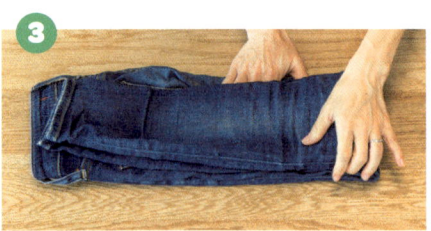

① 양다리 포개기
앞면이 안쪽으로 가도록 해서 양다리를 포갭니다.

② 엉덩이 직선으로 접기
늘어진 엉덩이 부분을 접어서 직선으로 만듭니다.

③ 길이를 반 접기
밑단을 허리까지 접어 올립니다.

④ 다시 한 번 길이를 삼, 사등분
수납할 서랍 크기에 맞춰 다시 한 번 길이를 삼, 사등분 합니다.

탱크톱

1. 몸통을 길이로 반 접기

밑단에서 7~8cm 위 지점까지 어깨를 접어 내립니다.

2. 길이 반으로 접기

밑단을 접어 올려 길이를 반으로 만듭니다.

3. 폭 삼등분하기

몸통 폭을 삼분의 일이 되도록 접어줍니다.

4. 포켓 쪽으로 다른 한쪽 넣기

한쪽에 생긴 포켓 모양 공간에 다른 한쪽을 접어 넣습니다.

얇은 소재 옷

1. 몸통을 소매 폭에 맞춰 접기

소매 폭에 맞춰 몸통 폭을 접은 뒤, 소매를 접어 내립니다.

2. 다른 한쪽도 접기

반대편도 같은 방식으로 접으면 직사각형 모양이 만들어집니다.

3. 길이 육등분하기

목둘레와 밑단을 맞추어 접어 길이를 반으로 줄입니다. 그런 뒤, 다시 한 번 삼분의 일 길이로 접어줍니다.

4. 포켓 쪽으로 다른 한쪽 넣기

한쪽에 생긴 포켓 모양 공간에 다른 한쪽을 접어 넣습니다.

브라 톱

어깨 접기
가슴 컵이 눌리지 않도록 조심하면서 등판이 앞으로 오게 놓은 뒤, 어깨를 접어 내립니다.

길이 삼등분하기
밑단을 삼분의 일 접어 올린 다음, 다시 한 번 접어 올립니다.

한쪽 끝부터 말기
한쪽 끝에서부터 돌돌 말아줍니다. 가슴 컵도 함께 말려 형태가 안정적으로 잡힙니다.

팬티스타킹

허리 뒤집기
허리 부분을 바깥쪽으로 10cm가량 뒤집습니다.

좌우를 포개어 세 번 접기
양쪽 다리를 포개어 길이를 반으로 접습니다. 반으로 접기를 두 번 더 해줍니다.

포켓 속으로 넣기
처음에 뒤집었던 부분을 다시 뒤집어 포켓을 만든 뒤, 전체를 감싸줍니다.

양말

발꿈치에서 접기
좌우 두 짝을 포갠 뒤, 발꿈치 지점에서 접어줍니다.

한쪽 입구에 발꿈치 넣기
발목을 사진과 같이 접어 내린 다음, 남은 발꿈치 부분을 한쪽 입구에 집어넣습니다.

페이크 삭스

포개기
한쪽 삭스에 손을 넣은 뒤, 다른 한쪽 삭스를 신 듯이 해서 두 짝을 겹칩니다.

입구에 발가락 부위 넣기
발가락 부위를 입구 속으로 넣어줍니다.

여행용 옷 접기

밑단 뒤집기
밑단을 8~10cm가량 뒤집어 올립니다.

몸통과 소매 접기
폭이 삼분의 일이 되도록 길게 접습니다.

포켓 속으로 넣기
목둘레 부분이 자신의 몸쪽으로 오도록 잡고 밑단 쪽으로 돌돌 말아줍니다. 처음에 뒤집었던 부분을 다시 뒤집어 포켓을 만들어서 전체를 감싸줍니다.

51 지지 도구 이용해 가방 세우기

북엔드 활용하기
북엔드는 바닥에 양면 자석 시트 또는 내진 젤 매트 등을 붙인 다음, 가방 폭에 맞춰 위치를 고정합니다.

부직포 백 충전에는 신문지가 최고
부직포 백을 쿠션 삼아 가방을 세우는 방법은 판매점에서도 쓰는 방법. 신문지는 습기를 흡수하므로 곰팡이 발생도 막아줍니다.

작은 가방이나 길쭉한 가방은 세우기 힘드니 북엔드 사이에 세워서 수납하면 꺼내기 편합니다. 큰 가방은 부직포 백 안에 신문지 쿠션을 넣어 세웁니다.

— Tips
가방 폭에 맞추기
북엔드의 좋은 점은 가방 폭에 딱 맞출 수 있다는 점입니다. 북엔드를 쓰면 어떤 가방도 세워서 수납할 수 있습니다.

52 의류 케어 용품은 옷장 한구석에

흰색으로 통일해 깔끔하게
옷장 한쪽에 늘 준비해 두세요. 가위는 폴리프로필렌 문서 정리함용 펜꽂이(무인양품)에 꽂았습니다.

옷의 태그나 실밥을 자를 가위, 먼지 제거에 쓰는 의류용 클리너는 옷장 안에 수납하면 필요할 때 바로 쓸 수 있습니다. 북엔드를 받침대로 삼아 펜꽂이를 걸면 가위를 세울 수 있어요. 자석 스티커를 케이스에 붙여서 북엔드에 부착하면 클리너도 세울 수 있지요. 눈에 띄지 않으면서도 사용은 편리하게!

53 세제를 즉시 보충하는 여분 수납법

정리함 라벨링
무엇이 어디 들었는지 알 수 있게 라벨링해 보세요. 수납함 하나에 한 종류만 넣는 것이 좋습니다.

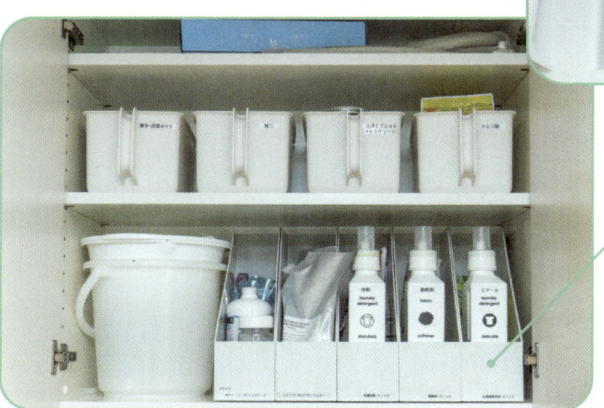

문서 정리함 활용
종류별로 나누어 문서 정리함이나 손잡이 달린 정리함(KEYUCA) 안에 세워서 수납합니다.

　세탁기 위 선반에 세제 등을 수납하면 동선이 짧아져 좋습니다. 단, 중요한 원칙이 있어요. 자주 쓰는 물건은 문서 정리함처럼 바로 꺼낼 수 있는 수납함에 수납하세요.

　수납한 병 뒤에 늘 여분을 하나씩 더 넣어두면 '다 쓴 뒤 그 자리에서 보충'하는 흐름이 생기고 여분을 과다하게 둘 필요가 없습니다. 그러기 위해서도 '수납함 하나에 한 종류' 원칙을 지켜야 합니다.

　선반 높은 곳에 수납한 물건은 쉽게 내릴 수 있도록 손잡이 달린 정리함을 활용하세요.

Goods
폴리프로필렌 문서 정리함 (무인양품)

---Tips---

내용물이 보이는 수납
수납을 잘 못하는 사람들은 투명 또는 반투명한 제품을 고르세요. 내용물이 보여서 편리합니다.

손잡이 모양에 주의
수납함 손잡이는 위 사진에서 보듯 ㄷ자 모양이 좋습니다. 단단하게 고정되어 있어 선반에서 내릴 때도 안정감 있게 다룰 수 있어요.

54 세면대 주위에는 다양한 크기의 수납함을

수납함으로 칸 나누기
폴리프로필렌 메이크 박스(무인양품), 폴리프로필렌 브러시, 펜슬 스탠드(무인양품)를 이용해 서랍 속 공간을 구분합니다.

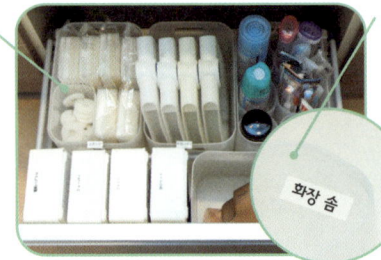

라벨링
소품 수납은 큰 상자 안에 다시 펜슬 스탠드를 넣고 종류별로 세워서 수납합니다. 소품 수납용 용기에도 라벨링 하세요.

화장 솜

세면대 수납공간에는 물건 크기에 맞는 상자를 준비하고 '상자 하나에 한 종류 수납' 원칙을 지킵니다. 스프레이류도 상자 안에 세워서 수납하고 더블 클립의 경우 라벨링 해 두면 위에서 봐도 일목요연합니다. 가족 모두 수납 장소를 알 수 있으니 쓰기 편한 시스템이 만들어집니다.

55 바로 꺼낼 수 있는 높이에 세워야 화장이 편하다

막대 모양의 화장품, 브러시류는 수납장 문 안쪽을 이용해 세울 수 있습니다. 한 번의 동작으로 넣고 뺄 수 있어서 화장하는 시간이 줄어듭니다.

펜꽂이를 부착
아크릴 펜꽂이(무인양품)에 마법 테이프를 붙여서 문 안쪽에 붙입니다. 닫을 때 방해되지 않는지 확인하면서 위치를 잡으세요.

용도별 수납
브러시류와 마스카라, 아이브로우 펜슬 등 종류를 나눠서 수납하면 뒤섞이지 않아 바로 꺼내 쓸 수 있어요.

Goods
마법 테이프

56 냉동 식재료는 소비기한이 보이게 수납

보관 용기에 라벨링
서랍 속 보관 용기에 라벨링 한 뒤 세워서 수납하면 위에서 내려다볼 수 있어서 잊고 방치하는 일이 없어집니다.

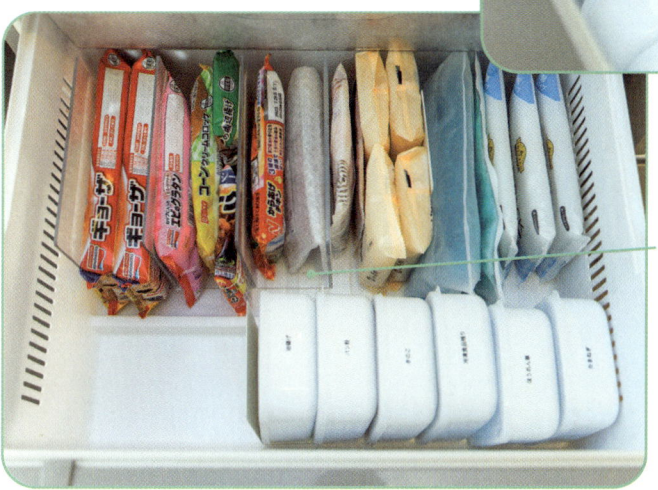

북엔드를 활용해 세우기
아크릴 칸막이나 북엔드로 냉동식품을 세워서 수납해보세요. 무엇이 얼마나 있는지 한눈에 알 수 있어요.

냉동식품은 소비기한이 적힌 부분을 보이는 방향으로 오게 세워서 수납하면 방치 또는 과다 구매를 막을 수 있어요. 세울 때는 칸막이나 북엔드를 활용해 보세요. 흔히 보관 용기를 쌓아서 수납하는데, 세운 뒤 옆면 또는 윗면에 라벨링하면 파악하기 쉬워서 낭비가 줄어듭니다. 냉장고 안 슬라이드식 선반에는 보관함으로 칸을 나눈 뒤, '용기 하나에 한 종류' 원칙을 지키면 됩니다.

Goods

아크릴 칸막이 스탠드 (무인양품)

북엔드 (다이소)

57 투명 트레이로 식재료 파악을 쉽게

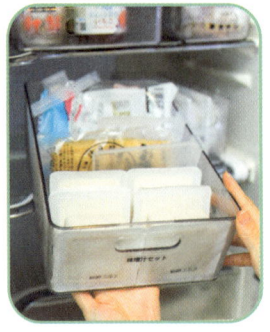

그룹별로 세워서 보관
그루핑한 물건들을 냉장고 트레이(니토리)에 세워서 수납해보세요. 트레이에 라벨링을 해 두면 누구든 편하게 수납할 수 있습니다.

— Tips
흰색 용기는 NO!
불투명한 흰색 용기 대신 투명 또는 반투명 용기를 쓰세요. 또 높이가 낮은 용기라야 내용물을 꺼내기 쉽습니다.

— Tips
종류별 구분 또는 용도별 그루핑
병류처럼 종류별로 나누거나 아침 세트처럼 동시에 쓰는 물건들을 그루핑합니다.

속이 깊은 냉장고를 쓰다 보면, 깊숙이 밀어 넣어둔 병은 소비기한이 훌쩍 지나버리기 일쑤지요. 이런 사태를 막으려면 용기를 종류별로 나누거나 용도별로 그루핑 한 뒤, 세워서 보관하면 됩니다. 같은 종류의 식품은 소비기한이 임박한 것을 문 가까운 쪽에 수납하면 좋습니다.

58 채소는 세워서 '한눈에 보이게'

채소는 상처가 생기지 않도록 수납하는 것이 중요. 랩으로 싸거나 지퍼백 등에 넣은 뒤 수납함에 넣되, 빽빽하게 넣지 않도록 합니다.

세로로 자라는 채소는 칸막이를 이용해 세워보세요. 잊지 않고 꺼내 먹을 수 있습니다.

채소를 수납할 용기를 결정
채소 모양에 맞는 용기를 고르되 조금 여유 있는 크기가 좋습니다.

바구니나 칸막이로 수납
뉘어도 되는 채소는 뉘어서, 세워서 수납할 채소는 수납함에 바구니용 칸막이를 끼운 뒤 세워서 수납합니다.

바구니용 칸막이 (다이소)

59 양념 병은 뚜껑에 라벨링

압축봉을 스토퍼로 이용
용기가 고정되도록 압축봉을 스토퍼로 이용합니다. 용기끼리도 연결 부품으로 고정해 두면 서랍 안에서 덜컹거리지 않습니다.

용기를 종류별로 나눠 라벨링
양념류와 오일류를 나누고 문서 정리함(무인양품)에 세워서 수납합니다. 뚜껑에 라벨링해 두면 바로 꺼낼 수 있어요.

병이나 플라스틱 용기 등에 든 양념, 오일류는 같은 장소에 수납하는 것이 일반적입니다. 이때 양념과 오일을 나눠서 그루핑하고 라벨링까지 해 두면 위에서 내려다봐도 내용물이 한눈에 들어옵니다. 그냥 세울 수 있는 병을 굳이 문서 정리함에 넣는 이유는 그루핑 외에도 액체가 흘렀을 때 정리함만 씻으면 되기 때문. 수납 아이디어는 집안일 하는 시간을 줄여줍니다.

Goods

폴리프로필렌 문서 정리함 (무인양품)

박스 클립

Tips

라벨링은 보이는 쪽에
정리함에도 소스 정리함인지 오일 정리함인지 라벨링 해 두면 가족 모두가 집안일을 나눠서 할 수 있습니다.

60 간식은 큰 포장에서 꺼내 낱개 포장으로 진열

빵과 과자로 나누어 수납
일단 빵과 과자로 나누고, 그 안에서 다시 구분할 때는 북엔드를 이용합니다.

용기 안에 칸막이를 넣어서 분류
대용량 과자는 포장지에서 꺼내 수납. 칸막이는 그때그때 과자에 따라 조절. 사진 속 수납함은 VARIERA(이케아).

빵은 오븐 토스터 아래 서랍에 넣어둡니다. 북엔드로 쓰러지지 않게 수납하면 눌릴 걱정이 없습니다. 과자는 저가 생활용품점에서 산 칸막이 부착 수납함에 종류별로 세워서 수납.

Goods
북엔드
(다이소)

61 재난 대비 비상식량도 소비기한 내에 먹도록

북엔드로 서랍 안에 세우기
폴리프로필렌 수납함(무인양품) 안에 북엔드를 설치하면 세워서 수납할 수 있습니다. 소비기한이 임박한 식품을 바깥쪽에 수납하면 식품 낭비를 막을 수 있어요.

Goods
북엔드
(다이소)

비상식량도 여분을 관리해 비축량을 조절합니다. 북엔드를 이용해 세워서 수납하면 무엇이 얼마나 있는지 바로 알 수 있습니다. 찾기 좋게 카테고리를 나눠 라벨링하고, 식품을 세울 때는 소비기한이 보이도록 수납하세요.

주방

62 봉지에서 꺼내 분류하면 한 동작으로 꺼낼 수 있다

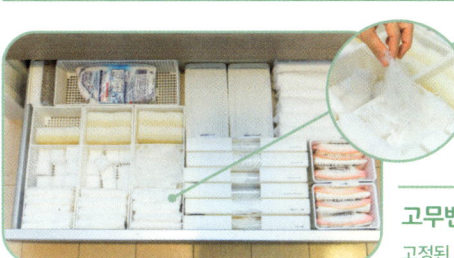

종류별로 세워서 수납
서랍 높이에 맞는 다양한 형태의 수납함을 이용합니다. 비닐봉지 등은 쓰레기봉투 정리함(mon·o·tone)에 넣어 세웁니다.

Tips 고무밴드로 고정
고정된 모양이 없는 배수구 그물망은 용기 위에 고무밴드를 끼운 뒤, 틈새로 뽑아 씁니다.

Goods
박스 클립

서랍이 크다고 부피 큰 물건을 수납해서는 안 됩니다. '사용할 장소 가까이에'가 수납 원칙. 그래서 싱크대 주변 서랍에는 행주, 스펀지 같은 잡화를 수납해야 편리합니다.

주방

63 잡다한 물건일수록 누구든 되돌려놓기 쉽게

깊은 서랍은 세우는 수납에 최적의 장소. 위에서 내려다봤을 때, 물건을 바로 찾을 수 있도록 종류별로 나눠 보세요. 공간을 세분화하여 지정석을 정해두면 늘 깨끗한 상태가 유지됩니다. 세제류는 위에서 보이는 자리에 라벨링 해두면 뒤섞이지 않습니다.

용기 안에 세워서 수납
종류별로 문서 정리함을 나눠 수납합니다.

서랍에 라벨링
서랍 윗부분이나 북엔드에 라벨링해 보세요. 온 가족이 같은 자리에 되돌려 놓을 수 있습니다.

Goods
폴리프로필렌 문서 정리함 (무인양품)
북엔드 (다이소)

64 아이가 쓰기 편해야 잘 챙긴다

교과서나 문구, 도시락통 등 유치원이나 학교에 필요한 물건들은 기본적으로 한 곳에 수납. 아이가 직접 물건을 챙기게 하려면 넣고 꺼내기 좋은 오픈 상자를 추천합니다. 선반은 아이 손이 잘 닿는 높이라야 합니다. 라벨링이나 컬러 스티커를 활용해 수납 습관을 들이면 혼자서도 준비물을 챙길 수 있습니다.

책꽂이에 교과서 수납
책꽂이 칸마다 한 과목씩 교과서를 수납하세요. 책가방을 열고 챙겨 넣는 물건의 중요도를 생각할 때, 가장 중요한 교과서를 가방 위 칸에 세울 수 있게 배치합니다.

칸막이로 세우기
수납함 안에 북엔드로 칸을 만들어 종류별로 세워보세요. 이때 물건을 너무 빼곡하게 넣으면 꺼내기도 어렵고 어질러지는 원인이 되므로 주의합니다. 주 5일 도시락통을 챙겨가야 한다면 냅킨이나 도시락 주머니는 다섯 개를 마련하는 것이 좋습니다. 사진 속 상자는 이케아의 VARIERA.

시험지 종류는 과목별로 수납
아코디언 파일철에 한 학기 분을 모읍니다. 보호자가 확인할 통신문은 이곳이 아니라 오픈형 상자에 수납해야 편합니다.

Goods
아크릴 칸막이 스탠드
(무인양품)

Tips 젤 매트로 미끄러짐 방지
교과서를 수납하는 아크릴 책꽂이 바닥에 내진 젤 매트를 깔아두면, 책꽂이를 고정할 수 있습니다.

Tips 활용도 높은 컬러 스티커
교과서나 노트의 뒷면, 그리고 돌려놓을 장소에 같은 색 스티커를 붙여두면 아이도 쉽게 정리할 수 있어요.

내진 젤 매트

65 컬러 스티커로 형제 물건을 구분

아이들의 글자 공부, 색칠 공부 책은 쓰는 장소에 수납하세요. 어느 방에 수납하든 문서 정리함 등을 이용해 종류별로 나눠 세우면 편리합니다. 라벨링을 해두면 찾지 않고도 꺼낼 수 있고, 되돌려놓기도 쉽지요. 형제 별로 구분할 때는 컬러 스티커를 붙여보세요. 아이들이 색깔만 보고도 바로 구분합니다.

Goods
폴리프로펠렌 문서 정리함 (무인양품)

66 옷을 세워 수납하면 혼자서도 찾아 입는다

북엔드로 세우기
폴리프로필렌 의류 상자(무인양품) 하나에 두 종류의 옷을 수납할 때는 작은 상자를 넣어 종류별로 구분하고, 그 안에 북엔드를 넣어 세우세요.

Goods
북엔드 (다이소)

서랍식 상자 밖에 라벨링
글을 모르는 아이라면 그림 스티커도 OK. 아이가 알아볼 수 있는 라벨을 이용하세요.

아이가 스스로 옷을 꺼내 입게 하려면, 아이가 쓰기 쉬운 상자를 이용해야 합니다. 속이 깊은 상자는 좋지 않아요. 서랍은 아이가 내려다보고 꺼내기 쉬운 높이를 선택합니다. 서랍 안에 옷을 세워두면 한눈에 알기 쉬워 무엇을 입을지 고르기도 쉽습니다. 옷을 꽉 채우면 꺼내기 어려우므로 여유가 있는 편이 좋아요.

67 구급 물품은 칸막이 상자로 한눈에 파악되게

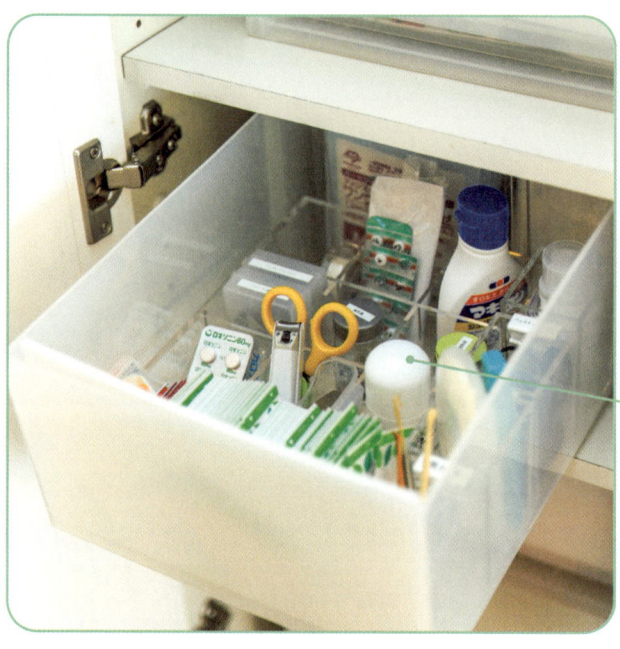

상자 안에 칸을 마련
작은 손톱깎이 등 눈에 띄지 않는 물건은 냉장고용 포켓 등을 이용하면 세워서 수납할 수 있습니다.

소독액이나 반창고, 약 종류는 바로 꺼낼 수 있어야 합니다. 매일 복용하는 약이 있다면 더욱 골든 존에 수납해야 하지요. 한 상자에 같이 수납하는 것이 중요하지만, 꼭 구급상자에 보관할 필요는 없습니다. 거실 선반 등 누구나 넣고 빼기 좋은 장소에 두기만 하면 됩니다. 또 상자 안에 칸이나 포켓을 만들어 '한 자리에 한 종류만' 수납하면 누가 언제 쓰더라도 뒤섞일 염려가 없습니다.

― Tips
약 종류 수납
반창고는 포장 상자의 윗면을 잘라낸 뒤 그대로 수납해도 OK.

― Tips
약 복용을 잊지 않으려면 날짜 기입
약통 위에 날짜를 써두면 며칠 분을 복용했는지 한눈에 알 수 있습니다. 간단하면서도 효과적인 방법이랍니다.

선반·벽장

68 자잘한 공구, 못 등은 지퍼백 활용

물건에 따라 상자 크기를 대, 중, 소로 분류
작은 물건, 높이가 있는 물건, 부피 큰 물건 등을 분류해서 상자 안에 세웁니다.

공구류는 칸막이 별로 수납
손잡이가 있어 꺼내기 쉬운 VARIERA 시리즈 박스(이케아)에 문구 정리함(Seria)을 겹쳐 자잘한 공구를 세웁니다.

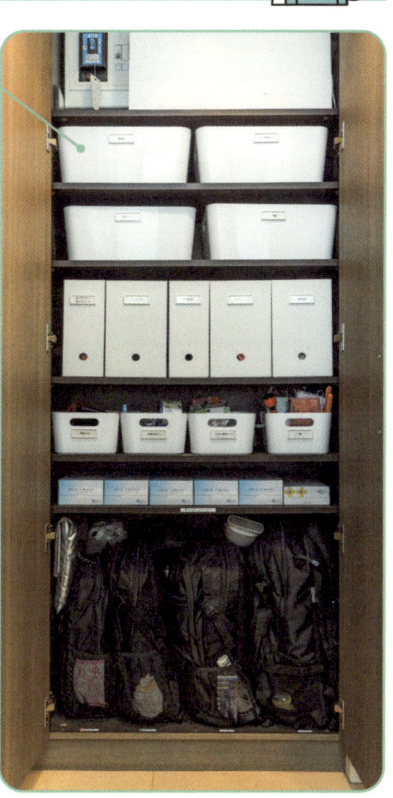

자잘해서 수납하기 어려운 물건도 상자를 잘 이용하면 보기 좋게 수납할 수 있습니다. 물건에 따라 상자 안 공간을 나누고 세워서 수납하면 찾는 수고도 덜 수 있어요.

예를 들어 가구를 살 때 들어 있는 예비 못이나 나사는 시간이 지나면 '어느 가구 부품인지' 잊기 쉽지요. 지퍼백에 넣고 유성 펜으로 기록해 자잘한 물건 전용 상자에 수납하세요. 필요할 때 바로 찾을 수 있습니다.

69 벽장은 안쪽과 바깥쪽으로 나눠 수납

속이 깊은 벽장은 안쪽에 무엇을 넣어뒀는지 잊어버리거나 꺼낼 때 애를 먹기 십상이지요. 그래서 자주 쓰는 물건은 바깥쪽에, 그렇지 않은 물건은 안쪽에 수납합니다. 의류 상자 등에 바퀴가 달려있으면 안쪽 물건도 꺼내기 쉽고, 라벨링을 해두면 서랍 속 내용물이나 깊숙이 수납된 물건을 바로 알 수 있어요.

사용 빈도에 따라 수납
자주 쓰는 의류 상자는 바깥쪽에 배치. 서랍식 폴리프로필렌 의류 상자(무인양품)는 폭 34×깊이 44.5cm 크기가 적당합니다. 조금만 열어도 내용물을 다 파악할 수 있어요.

가끔 쓰는 여행 가방은 안쪽에
벽장 공간은 '안쪽과 바깥쪽'으로 나눠 써야 편합니다. 자주 쓰지 않는 물건이 안쪽입니다. 또 바깥쪽에는 지금 입는 옷, 안쪽에는 철 지난 옷을 수납할 수도 있어요.

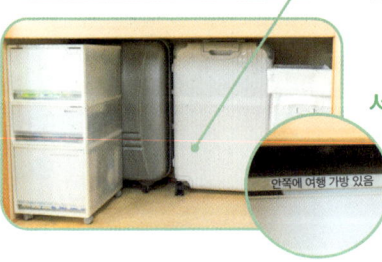

서랍 안도 지퍼백으로 세워서 수납
예를 들어 수영복 같은 경우는 가족별로 나누거나 수영장용과 리조트용 등 용도별로 나눠서 지퍼백에 넣고 세워서 수납합니다.

― Tips ―
1분 만에 계절별 옷 정리 끝내기
바깥쪽에는 지금 입는 옷 상자(바퀴 달린 것), 안쪽에는 철 지난 옷 상자를 배치합니다. 때에 맞춰 안쪽 상자와 바깥쪽 상자를 바꿔 놓기만 하면 정리 끝!

― Tips ―
폴리프로필렌 상자는 깊이가 중요
서랍식 폴리프로필렌 상자는 깊이 44.5cm짜리가 좋습니다. 깊이 70cm짜리는 수납 후 무거워져서 열기 어렵거든요.

> 선반·벽장

70 종이봉투는 크기를 셋으로 나누고 최대량을 정한다

나중을 위해 모아두다 보면 어느새 산더미처럼 쌓이는 것이 종이봉투입니다.

이럴 때는 크기별로 대, 중, 소를 나누어 수납하되, 수납한 봉투의 부피만큼만 남긴다는 원칙을 정해두면 양을 조절할 수 있습니다.

별도 상자에 모아서 수납
큰 종이봉투에 수납해도 되지만, SKUBB 시리즈(이케아)의 빨래 주머니가 종이봉투 수납에 딱 좋은 크기입니다. 얇고 가벼워서 사용도 아주 편하답니다.

종이봉투를 크기별 분류
종이봉투를 대, 중, 소 셋으로 나누고 크기별 종이봉투에 넣어 수납합니다.

> 선반·벽장

71 종이 상자는 직접 만든 보관함으로 편하게 이동

온갖 이유로 쌓이는 종이 상자는 수납 장소가 마땅치 않아 보관하기가 어렵습니다. 저가 생활용품점에서 구매한 물품으로 종이 상자 보관함을 만들어보세요. 포장에 쓰는 도구도 함께 보관하면 편리합니다.

결속 밴드로 철망을 연결
저가 생활용품점에서 산 철망을 조합하고 결속 밴드로 고정합니다. 다양한 크기의 철망이 있으므로 원하는 크기를 고르세요.

바퀴를 부착
바닥에 바퀴를 부착하면 실용성이 높아집니다. 여기에 소도구 정리함까지 부착하면 더욱 편리해지지요.

COLUMN

매트리스 커버와 이불도 세워서 수납

벽장이나 이불장을 가득 메우는 침구들. 겹쳐서 수납하면 필요한 것만 꺼낼 때 애를 먹기 쉽습니다. 하지만 침구류를 세울 수 있는 쉽고 효과적인 방법을 소개합니다.

매트리스 커버 세우기

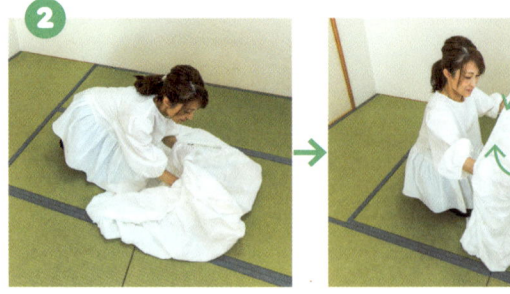

① 매트리스 커버 펼치기
고무 밴딩이 위로 오도록 펼친 뒤, 몸쪽의 좌우 각에 아래로부터 손을 넣습니다.

② 반대편 각 안으로 집어넣기
손을 넣은 두 각을 반대편 두 각 안으로 집어넣어 네 각을 맞춥니다. 이렇게 하면 상하로 반을 접은 모양이 됩니다.

③ 폭을 삼등분
바닥에 잘 편 다음, 폭을 3분의 1이 되도록 접어줍니다.

④ 길이를 삼등분
길이 방향으로 다시 한번 삼등분해 접어줍니다.

⑤ 포켓 안으로 한쪽 끝 집어넣기
접은 결과 생긴 포켓 안으로 한쪽 끝을 접어 넣습니다.

이불 세우기

1. 몸쪽부터 3분의 1 접기
이불을 펼친 뒤, 몸쪽을 들어 올려 3분의 1 정도 접어줍니다.

2. 뒤집기
접은 부분이 풀어지지 않도록 조심하면서 이불을 뒤집습니다.

3. 폭을 삼등분
한쪽 끝부터 중심을 향해 3분의 1 만큼 접어줍니다. 반대편 3분의 1 도 접어서 겹칩니다.

4. 길이를 삼등분
①에서 접은 쪽의 반대쪽을 3분의 1 지점까지 접은 뒤, ①에서 접은 쪽을 접어서 겹칩니다.

5. 포켓 안으로 집어넣기
①에서 접은 부분이 포켓 모양이 되어 있으므로 그 부분을 뒤집어서 이불 전체를 감싸줍니다.

홑이불 순식간에 접기

1. 홑이불의 중심과 가장자리 쥐기
한 손은 중심(a), 한 손은 중심과 같은 선상의 가장자리(b)를 쥡니다.

2. 가장자리끼리 맞대기
중심(a)은 쥐고 가장자리 (b)를 반대편 가장자리(c)를 향해 접어줍니다.

3. 그대로 들어올리기
그 상태로 서서 들어 올리면 자연스럽게 사등분 된 상태가 됩니다.

4. 바닥에 놓고 반으로 접기
바닥에 놓고 몸 쪽부터 반대편을 향해 반으로 접어줍니다.

5. 폭을 반으로 접기
긴 쪽을 다시 한 번 반으로 접어줍니다.

> 작업 공간

72 서류는 10초 안에 꺼낼 수 있게

중요한 서류는 카테고리를 나누고 리필 포켓 등에 넣어서 링 파일에 철해 둡니다. 개별 폴더로 나누는 방법도 있지만, 리필 포켓에 넣어 두면 하나씩 꺼낼 수 있고 중요한 서류에 구멍을 뚫지 않아도 되니 좋습니다. 인덱스를 이용해 리필 포켓의 카테고리를 더 세분화해 두면 10초 안에 찾고 꺼낼 수 있답니다.

보관 서류는 파일에
중요한 서류는 리필 포켓에 넣어 링 파일(PLAS, 링 30공 타입)에 끼운 뒤, 북엔드로 세워서 수납합니다.

— Tips —
서류 카테고리는 15종으로
카테고리는 집, 보험, 학원, 건강, 카드, 돈, 편지, 업무, 지역, 택배, 사용 설명서, 취미, 여행 등으로 나눌 수 있습니다. 아이가 있으면 유치원, 학교도 추가하면 됩니다.

— Tips —
기한 있는 서류는 파일링 제외
모든 서류를 보관할 필요는 없습니다. 날짜가 지나면 폐기해도 되는 것은 게시판(p.85) 등에 붙이고 그 외 중요 서류만 파일로 보관. 이렇게 하면 보관할 서류 양이 그리 많지 않습니다.

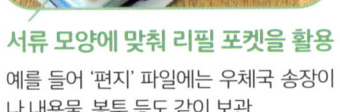

Goods
북엔드
(다이소)

서류 모양에 맞춰 리필 포켓을 활용
예를 들어 '편지' 파일에는 우체국 송장이나 내용물, 봉투 등도 같이 보관.

세분화하면 찾기 쉽다
한 카테고리를 인덱스로 다시 한 번 세분화하면 서류를 재빨리 꺼낼 수 있어요.

> 작업 공간

73 가끔 보는 사용 설명서는 보증서와 함께 개별 폴더에

가전제품 등의 사용 설명서는 양이 상당합니다. 그중에서도 자주 보는 것은 파일에 넣지 말고 가전제품 하나당 개별 파일 하나를 준비해 보세요. 이때 여러 종류를 섞지 않아야 합니다.

보증서도 함께 넣어두면 편리.

개별 폴더를 문서 정리함에 수납
개별 폴더(고쿠요)에는 서류 양에 맞춰 폭을 넓힐 수 있도록 접는 선이 있으므로 폭을 넓히거나 북엔드를 이용해 정리함(무인양품) 속에 세우면 됩니다.

사용 설명서용 개별 폴더는 꼭 라벨링
라벨링 해두면 누구라도 바로 찾을 수 있습니다. 가전제품을 새로 샀을 때도 새 사용 설명서로 교체만 하면 됩니다.

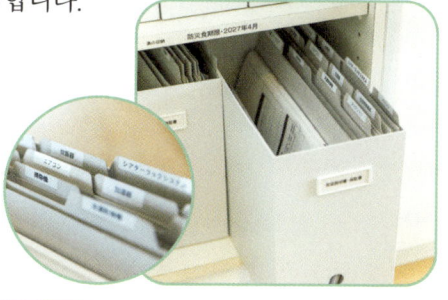

> 선반·벽장

74 문구를 집기 위한 별도 동작 없애기

문구류는 책상 서랍 안에 넣지 말고 '늘 꺼내 놓기'를 권합니다. 자주 쓰는 물건을 한데 모으면 훨씬 편리합니다. 서랍 안 문구가 금세 뒤섞인다면 꼭 한번 시도해 보세요.

정리함 속 공간을 칸막이로 나눈 뒤, 한 곳에 한 종류만 수납하는 것도 잊지 마세요.

문구는 섞으면 안 된다!
문구가 뒤섞이지 않게 튜브 홀더 등을 활용해 보세요.

손잡이 달린 상자에 세워서 수납
폴리프로필렌 이동식 정리함(무인양품)에 저가 생활용품점에서 구매한 냉장고용 튜브 홀더를 부착했습니다. 자잘한 문구 수납에 편리해요.

COLUMN

바퀴를 달아서 '움직이는' 수납으로

'띄우고', '세우고', '눕히는' 기법 외에 제4의 수납이라 부를 만한 것이 '움직이는' 수납입니다. 바퀴를 이용해 움직이게 만들면 물건을 넣고 빼기도 좋고 청소도 편해집니다. 필요에 따라 바퀴 달린 전용 상품을 구매해도 좋지만, 쉽게 부착할 수 있는 바퀴도 있으니 참고하세요.

예를 들어 문서 정리함에 바퀴를 달고 두루마리 휴지를 넣으면 앉은 자리에서 휴지를 교환할 수 있습니다. 또 무거운 관엽 식물이나 공기 청정기 같은 가전제품에도 바퀴를 달면 이동도 편하고 청소도 쉬워집니다.

움직이는 휴지 보관함
문서 정리함 뚜껑에 바퀴를 달고 그 위에 정리함을 올리니 아주 편리해졌습니다. (모두 무인양품)

바퀴 달린 화분 받침대
제한 하중 40kg인 화분 받침대(tidy)에 관엽 식물을 올렸습니다. 바퀴가 보이지 않는 디자인이면 외관도 깔끔.

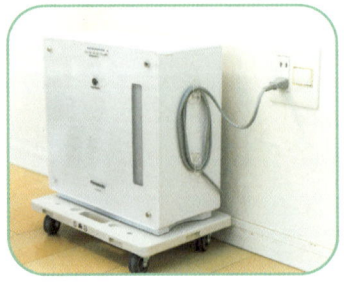

자주 움직이는 가전제품이나 신발도
개별 물건에 바퀴를 달기 어렵다면 소형 대차(무인양품)를 활용할 수도 있어요. 물건 크기에 맞춰 대차를 여러 연결해 쓸 수도 있습니다.

PART
4

눕히는 수납

누구나 따라 할 수 있는 쉬운 수납법

'눕히는 수납이라니, 그냥 놔두란 말이야!?'라고
효과를 의심하는 분도 있지만,
놀랄 만큼 쉽고 훌륭한 수납법입니다.
어질러지지 않고, 쓰기 편하며, 애쓰지 않고도
청결을 유지할 수 있는 비결을 소개합니다.

> 기본

가장 쉬운 수납법은 '눕히는 수납'

Before

얽히고 설킨 액세서리
한 곳에 이것저것 쑤셔 넣다 보면 체인은 얽히고, 반지에는 상처가 나며, 귀걸이는 행방불명이 되고 맙니다.

After

주얼리 숍처럼 깔끔하게!
눕히는 수납으로 깔끔하게 정리한 액세서리. 액세서리가 한눈에 파악되므로 더이상 찾아 헤맬 필요가 없습니다.

'눕히는 수납'을 잘 활용하면 진정한 수납 전문가

자리를 많이 차지한다는 이유로 눕히는 수납을 꺼리는 분도 많지요. 물론 수납공간을 새로 만들어내는 '띄우는 수납'의 효과도 강력하지만, 눕힘으로써 가진 물건을 한눈에 파악할 수 있다는 장점은 무시하기 어렵습니다. 게다가 '눕히는 수납'은 그저 놔두기만 하면 되니 정말 쉽지요.

다만, 쉬운 만큼 어디에 적용해야 할지 판단할 필요가 있습니다. 알맞은 곳에 알맞은 물건을 눕혀서 수납할 수 있다면 진정한 수납 전문가라 할 수 있습니다.

눕히는 수납의 장점

- 놔두기만 하면 OK
- 나눠 넣으면 OK
- 세울 수 없는 물건도 그대로
- 대부분 도구도 불필요
- 많은 아이디어 불필요
- 아이들, 정리 못 하는 사람도 가능

눕히는 수납은 자유도가 가장 높은 수납 기법입니다. 어떤 물건이든 놔두기만 하면 '눕히는 수납'이 되지요. 대부분 수납 도구를 쓸 필요도 없으며, 정리를 잘 못하는 사람도 쉽게 실천할 수 있답니다.

눕히는 수납에 적합한 장소

- 선반
- 얕은 서랍 안 등

눕히면 잘 보이지 않는다거나 모두 눕힐 만한 공간이 없을 때를 제외하면, 어디든 눕혀서 수납할 수 있습니다. 단, 얕은 서랍에만 적용하세요. 깊은 서랍에 눕혀서 수납하면 물건들이 겹쳐 꺼내기 어려워집니다.

눕히면 좋은 물건

- 액체를 제외한 모든 물건

눕히는 수납 중에는 '그저 물건을 놔두기만 하면 되는' 경우도 포함됩니다. 그래서 띄우거나 세우기 좋은 물건 외에 모든 물건이 눕히는 수납의 대상입니다.

눕힐 때 주의점

- 한 군데 하나만 수납
- 라벨을 붙이면 더욱 효과적

여러 물건을 겹치면 좋지 않지만, 같은 종류, 같은 색의 물건은 '한 군데 하나만 수납'하는 원칙의 범주로 봅니다. 또 눕혀서 수납하면 맨 위에 있는 물건만 보이므로 라벨링으로 표기해두면 좋습니다.

늘리는 수납의 기본 도구

도구가 없어도 되지만, 몇 가지 간단한 도구를 이용하면 물건이 밀리거나 자리를 이탈하지 않게 할 수 있습니다.

매트

표면이 매끈한 선반이나 서랍의 경우, 물건이 밀리기 쉽습니다. 매트를 이용하면 넣고 뺄 때, 서랍을 여닫을 때도 물건이 움직이지 않습니다.

VARIERA 서랍 매트(이케아)

랙

랙 위아래에 각기 물건을 놓을 수 있어 수납량이 두 배로 늘어납니다. 접시 등도 종류별로 위아래에 나누어 수납할 수 있으므로 한정된 공간에서도 '한 군데 한 종류 수납' 원칙을 지킬 수 있어요.

아크릴 분리 랙(무인양품)

소품 정리함

자잘한 물건을 한데 모아두면 뒤섞이기 쉽지요. 분류함을 이용해 제자리를 정해두면 그 자리에 놓기만 하면 됩니다. 깔끔하게 정리해두면 처음 그 느낌대로 기분 좋게 쓸 수 있습니다.

벨벳 소품 정리함(무인양품)

기타

수납함 크기가 딱 맞지 않을 경우, 수납함이 움직이거나 서랍을 여닫을 때 소리가 나서 스트레스의 원인이 되기도 합니다. 청소용 멜라민 스펀지로 틈새를 고정해 보세요.

멜라민 스펀지

기본

75 서랍 안에 식기를 눕혀 수고 덜기

같은 종류의 물건을 겹쳐두기만 해도 눕히는 수납입니다.

미끄럼 방지용 매트를 쓰면 서랍 안에서 움직이지 않습니다. 약간 틈을 띄워 배열하고 많이 겹치지 않도록 주의하면 부딪혀서 달그락거리는 일도 없을 거예요.

Goods
VARIERA 서랍 매트 (이케아)

서랍 매트는 도톰한 것을 고르면 물건이 미끄러지지 않도록 확실히 잡아줄 수 있습니다.

미끄럼 방지 시트 깔기
서랍 크기 대로 매트를 잘라 전체적으로 깐 뒤, 접시를 올립니다.

기본

76 액세서리는 섞이지 않도록 소품 정리함에

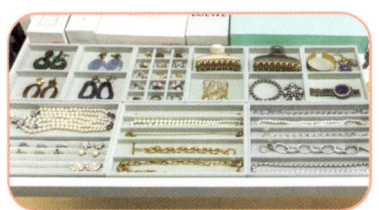

서랍에 정리함을 배열
서랍 크기에 맞춰 정리함을 배열합니다.

Goods
벨벳 소품 정리함 (무인양품)

액세서리 같은 소품을 눕혀서 수납하면 '무엇이 얼마나 있는지' 한눈에 파악할 수 있어 불필요한 구매를 막을 수 있습니다. 또 체인이 얽히고 상처 날 걱정도 없지요. 무엇보다 고르는 재미도 느낄 수 있답니다. 공간이 좁다면 겹칠 수 있는 정리함(무인양품)을 활용해 보세요.

벨벳 정리함은 다양한 형태가 시판되고 있습니다. 서랍 크기나 액세서리 양에 맞춰 여러 개를 조합해 보세요.

123

기본
77 페트병은 북엔드로 눕히고 겹치기

① 북엔드에 자석을 부착
세로 16×가로 11×깊이 8cm 짜리를 세 개 준비하고 두 개의 바닥에 자석 시트를 붙입니다.

② 북엔드를 조합
자석을 붙이지 않은 북엔드를 옆으로 놓고 ①의 북엔드 하나를 붙입니다.

③ 남은 북엔드도 부착
①의 남은 북엔드도 마저 붙입니다.

Goods
북엔드 (다이소)
양면 자석 시트

둥근 자석은 삼킬 위험이 있으므로 시트 타입을 쓰세요.

페트병처럼 눕히면 굴러가는 물건은 북엔드 세 개를 자석으로 연결해 고정하면 환상의 수납공간이 마련됩니다.

금속 북엔드 덕에 냉장고 속에 상온의 페트병을 넣었을 때 금세 차가워지는 점도 장점이에요.

물론 상온의 페트병이나 그 외 비슷한 형태의 물건을 수납할 때도 만족도가 높습니다.

기본 78 주방 선반 데드 스페이스에 압축봉을

주방의 데드 스페이스에 압축봉 두 개로 간이 선반을 만든 뒤, 주방용품 여분을 눕혀서 수납해 보세요.

압축봉을 세로로 설치하면 눕힌 물건을 쌓아 올려도 쓰러지지 않아요. 압축봉은 작은 틈부터 넓은 공간까지 가로세로 어디든 이용할 수 있습니다.

① 선반 안쪽에 압축봉을 설치

선반 깊숙한 곳에 압축봉을 설치합니다. 스프링식 압축봉이라면 설치할 곳의 길이보다 길게 압축봉을 조정한 뒤, 꾹 눌렀다가 손을 놓으면 단단하게 고정됩니다.

Goods

압축봉

간이 선반 한 단을 만들 때마다 압축봉 두 개만 있으면 됩니다. 만들고 싶은 만큼 압축봉 추가.

② 선반 바깥쪽에도 설치

①의 압축봉과 같은 높이에 설치해 물건을 눕혔을 때 수평이 되게 합니다.

③ 한 단 더 설치

마찬가지로 안쪽, 바깥쪽 순으로 한 단 더 설치합니다.

79 압축봉을 선반으로 변신시켜 신발 수납공간 늘리기

압축봉 위에 신발을 수납
신발 크기에 맞추어 압축봉을 두 개 설치하고 그 위에 신발을 수납합니다.

신발장 색과 같은 계열의 압축봉
우리집은 신발장 내부가 어두운 색이라 검정색 압축봉(Seria)을 쓰고 있답니다.

신발장 선반은 고정식, 가동식 중 어느 쪽이든 집마다 개수는 비슷합니다. 굽이 낮은 신발은 기존 선반 위에 한 단을 더 만들어 수납할 수 있어요.

적당한 위치에 압축봉 두 개를 설치해 남는 공간을 효과적으로 활용해 보세요. 제한 하중은 꼭 확인하세요.

Tips

적정량 정하기
자기 신발의 적정량을 아는 것이 중요합니다. '여기 보관할 수 있을 만큼' 등으로 정해두고 그 이상은 늘리지 않아야 신발장이 엉망이 되지 않습니다.

[현관]

80 쉽게 찾을 수 있는 제자리 라벨링

아이 신발은 뒤축을 바깥쪽으로
신발은 앞코가 바깥쪽으로 오도록 정리해야 깔끔하지만, 아이 신발은 넣고 꺼내기 쉽도록 뒤축이 바깥쪽으로 오게 합니다.

신발 둘 자리에 라벨링
아이마다 마스킹 테이프 색을 정하고 그 위에 라벨을 붙이면 색으로 '누구 신발'인지, 라벨로 '어떤 신발'인지 구별할 수 있어요. 손으로 써도 OK.

아이 신발을 두는 자리에는 '외출용', '축구화', '편한 신' 등 라벨을 붙이세요. 아이가 스스로 수납할 수 있습니다. 마스킹 테이프 색을 달리하면 누구 신발인지 시각적으로 구별하기도 쉽습니다.

[현관]

81 신발 관리 용품은 그루핑 후, 신발 주변에

신발 관리에 필요한 용품들은 그루핑해서 수납하는 것이 좋습니다. 쓸 물건 가까이에 수납한다는 원칙대로 현관에 수납하세요. 신발장 서랍 또는 정리함 안에 겹치지 않도록 수납합니다.

― Tips

수납은 겹치지 않게
소품을 수납할 때는 가능한 한 겹치지 않도록 하고 모든 아이템이 보이도록 하는 것이 중요. 자주 쓰는 물건을 바깥쪽에, 가끔 쓰는 물건은 안쪽에 수납합니다.

> 현관

82 자주 신는 슬리퍼는 바퀴 달린 대차에 올려 숨기기

슬리퍼는 대차 위에
현관 신발장 아래에 대차째 밀어 넣습니다.

대차끼리 연결
가로세로 모두 연결할 수 있는 폴리프로필렌 대차(무인양품)를 연결해 어질러지기 쉬운 신발을 눕혀서 수납합니다.

 우편물을 가지러 나가거나 쓰레기를 버리러 가는 등 잠깐의 용무로 자주 신고 벗는 슬리퍼는 현관을 어지럽히는 주범 중 하나. 그렇다고 신발장 아래에 줄줄이 밀어 넣어두면 청소할 때 번거롭지요. 이럴 때는 바퀴 달린 대차(무인양품)에 슬리퍼를 올리고 대차째 수납해보세요. 슬리퍼 넣고 빼기, 청소하기 모두 편해질 뿐 아니라 현관이 늘 깔끔하게 정리됩니다.

옷장 83. 무늬가 보이게 수납해 뒤적이지 않도록

눕히면 무늬가 보여서 고르기 쉽다

눕혀서 수납하면 무늬가 드러나므로 신으려는 양말을 단번에 꺼낼 수 있습니다. 양말 정리함은 각 서랍 크기에 맞춰 준비하세요.

　양말 수납법은 다양하지만, 칸막이가 있는 정리함을 쓰면 아주 편합니다. '칸 하나당 양말 한 켤레'라는 원칙만 지키면 뒤섞일 일이 없어요.

　이때 핵심은 눕히는 수납. 세워서 수납하면 양말의 옆면이 보이므로 무늬를 알아보기 힘듭니다. 눕혀서 수납하면 무늬가 잘 드러나므로 양말을 단번에 꺼낼 수 있어요.

옷장 84. 세우기 어려운 스웨터는 같은 색끼리 모으기

스웨터는 눕혀서 수납

스웨터는 옷장에 눕혀서 수납하세요.

같은 계열 색끼리 모아 수납

스웨터를 겹쳐둘 때는 같은 색, 또는 같은 계열 색끼리 겹친다는 원칙을 정해서 수납합니다.

스웨터는 잘 개서 세워도 그 상태를 유지하기 어려워서 눕히는 수납에 적합합니다. 겹쳐서 수납하면 아래에 어떤 스웨터가 있는지 알기 어려우므로 가능한 한 같은 계열 색끼리 겹치는 것이 좋습니다.

85 수건은 용도별로 정해둔 자리에

세안, 입욕 시에 쓰는 수건은 '쓰는 장소에 수납한다'라는 원칙에 따라 세면대 위에 수납해야 편리합니다.

세탁실이 욕실과 붙어 있으면 세탁과 건조가 끝난 수건을 그 자리에서 즉시 수납할 수 있어 좋아요. 이리저리 움직일 필요 없이 세탁 동선이 완결되는 구조입니다. 다음 페이지에 소개한 방법으로 둥근 부분이 보이도록 수납하면 한 장씩 꺼내 쓰기 편합니다.

수납할 때는 수건을 크기별로 나누는 것이 원칙. 라벨을 붙여두면 집안일을 나눠서 하는 데 큰 도움이 될 거예요.

1인 가구라도 피곤하거나 시간이 없을 때는 마구 집어넣기 쉬운데, 라벨을 붙여두면 무의식적으로 제자리에 수납할 수 있으니 정돈된 상태가 쉽게 유지됩니다.

수건은 선반에 수납
수납할 곳이 없을 때는 압축봉 등을 이용해 선반을 만들어 보세요 (p.53).

COLUMN

수건 개는 법

수건은 같은 방법으로 개서 같은 방향으로 수납하면 깔끔합니다. 무엇보다 아래에 소개하는 방법으로 개면 겹쳐서 눕혀도 수건을 꺼낼 때 무너뜨리지 않고 한 장씩 꺼내기 쉬워요. 게다가 장소가 좁아도 선 채로 갤 수 있지요. 굳이 거실로 옮겨서 바닥에 펼쳐놓고 갠 다음, 다시 세면대 위 수납장에 수납하는 수고로움이 사라집니다.

세안 수건

1 길이를 반으로
타월을 옆으로 길게 잡고 양 끝을 맞대어 길이를 반으로 접어줍니다.

2 한 번 더 반 접기
한 번 더 같은 방향으로 반 접어줍니다.

3 위아래를 반으로
세로로 반 접어줍니다. 둥글게 접힌 쪽이 보이도록 수납합니다.

목욕 수건

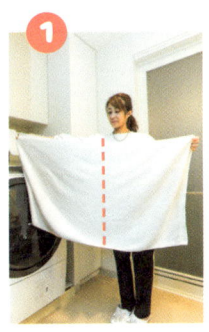

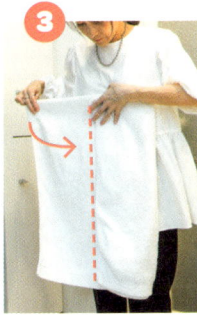

1 길이를 반으로
목욕 수건을 옆으로 길게 잡고 양 끝을 맞대어 길이를 반으로 접어줍니다.

2 접힌 부분을 위로
접힌 부분이 위로 오도록 돌려 잡습니다.

3 폭을 삼등분
가로 폭이 3분의 1이 되도록 좌우 양 끝을 접어 포갭니다.

4 위아래를 반으로
수건의 주름을 편 뒤, 위아래를 반으로 접고, 둥글게 접힌 쪽이 보이도록 수납합니다.

세탁실·세면대

86 화장품은 경사지게 놓아 아침 준비 시간 단축

화장품을 하나 꺼낼 때마다 다른 화장품을 치우고 헤집다 보면 귀중한 아침 시간이 더 바빠집니다. 화장품 수납 랙에도 라벨을 붙여 자리를 정해두면 다 쓴 뒤 돌려놓기도 좋습니다. 마음에 드는 물건만 엄선해 눕혀서 수납하면 시간과 수고가 대폭 줄어요.

가게처럼 비스듬히 눕히기
수납 면이 경사진 아크릴 소품 랙(무인양품)을 이용하면 보기도 좋고 쓰기도 편합니다.

세탁실·세면대

87 화장품 샘플은 투명 상자에 보관 후, 남김없이 쓰기

소모품인 화장 솜은 쉽게 꺼낼 수 있도록 수납하세요. 투명한 정리함을 선택해 남은 양이 한눈에 보이게 하면 보충할 시기를 놓치지 않아요. 화장품 샘플도 투명 정리함 지정 칸에 넣어두면 잊고 못 쓰는 일이 없답니다.

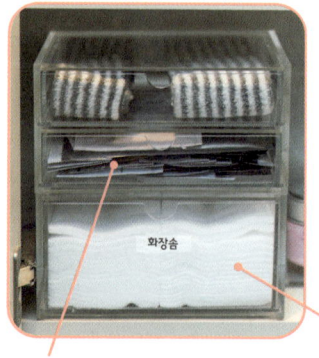

화장품 샘플도 보이게 수납
자잘한 소품도 보이게 수납하면 방치하다 버리는 일이 없어집니다.

화장 솜은 하나씩 꺼내기 쉽게
아크릴 소품 정리함(무인양품)에 눕혀서 수납하면 위에서부터 하나씩 쉽게 꺼낼 수 있어요.

헤어 밴드는 눕히는 수납
투명 아크릴 정리함(무인양품)에 폭이 좁은 밴드와 넓은 밴드를 눕혀서 수납합니다.

[세탁실·세면대]

88 매일 쓰는 물건일수록 넣고 빼기 쉽게

부피가 큰 헤어 고데기는 가늘고 긴 모양에 맞는 정리함을 준비해 종류별로 눕혀서 수납합니다. 매일 쓰는 물건일수록 '넣고 빼기 쉽도록' 여유 있는 공간에 수납해야 합니다.

케이블 그립으로 전선도 깔끔하게
엉키기 쉬운 전선은 케이블 그립으로 깔끔하게 정리하면 서랍 안에 눕혀서 수납하기 좋습니다.

서랍 안에 정리함 배치
서랍 안에 헤어 고데기나 브러시 등의 크기에 맞게 칸막이 달린 정리함(무인양품)을 넣습니다.

[세탁실·세면대]

89 칸막이로 머리 끈도 각각 분류

머리 끈을 고리에 거는 수납법은 끈이 한두 개일 때는 편하지만, 여러 개일 때는 불편한 방법입니다. 칸막이를 이용하면 색이나 종류별로 나눠 넣기만 하면 됩니다. 머리 끈이 뒤섞이지 않아 단번에 찾기 좋아요. 이처럼 서지 못하고 '누워버리는' 물건은 분류만 해도 깔끔해집니다.

색깔, 종류별로 넣으면 끝
아크릴 칸막이(무인양품)와 냉장고용 소품 포켓을 이용해 대충 분류.

90 수저류는 한 칸에 한 종류씩

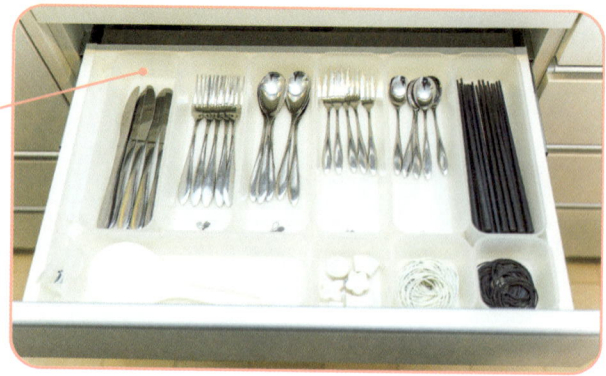

수저 트레이에 한 종류씩
수저류는 칸막이가 있는 트레이에 한 종류씩 눕혀서 수납합니다. 종류별로 수납하면 누구든 정리할 수 있습니다.

수저류는 가족 인원수보다 약간만 더 있으면 되지만, 선물 등으로 인해 점점 늘어나기 쉽습니다. 숟가락, 젓가락 등 종류별로 나눠 수납하면 적정량을 파악하기 좋습니다.

전체 수를 일률적으로 맞출 필요 없이 숟가락, 젓가락은 인원수의 두 배, 그 외에는 인원수보다 한 벌씩만 더 준비하면 대체로 적정합니다. 자주 쓰지 않는 것들은 별도 장소에 수납하거나 과감히 처분해도 좋습니다.

서랍에 트레이를 배치
수납할 물건의 종류만큼 정리 트레이(무인양품)를 놓습니다. 누구든 알기 쉽게 라벨을 붙이면 더 좋아요.

Tips

수저 수납에 최적의 장소 선택
수저 등을 수납할 때는 동선을 고려하세요. 사진에서는 식탁에서 가장 가까운 위치에 수저, 자주 쓰지 않는 나이프는 가장 안쪽에 수납.

Tips

라벨은 글 대신 그림도 OK
수저 등의 라벨링에는 그림도 효과적입니다. 글을 모르는 아이들도 넣고 뺄 수 있으니까요.

주방
91 ㄷ자 랙으로 접시 두 배 수납

식기 선반을 쓰기 편하게 하려면 서로 그릇을 겹치지 않아야 합니다. 아래 그릇을 쓸 때마다 '위에 있는 그릇을 치우고, 아래 그릇을 꺼낸 뒤, 다시 위에 있던 그릇을 되돌려 놓는' 세 가지 동작이 필요하기 때문입니다.

하지만 선반 공간은 한정되어 있어요. 그래서 아크릴 랙을 쓰는 것입니다. 이것만 있으면 종류별로 수납할 수 있어 훨씬 편해져요. 어느 자리에 어느 그릇을 놓을지도 중요합니다. 골든 존에는 자주 쓰는 그릇만 수납하세요.

위에 여유 공간을
깊은 그릇은 높이가 여유 있는 곳에 수납하세요. 여유 공간이 없으면 그릇 하나를 꺼내기 위해 세트 전체를 꺼내야 할 수도 있어요.

식기 선반에 ㄷ자 랙 설치
공간을 나누면 한 자리에 두 종류의 그릇을 수납할 수 있습니다. 또 아크릴 랙(무인양품)은 투명해서 식기 선반 안에 배치해도 거부감이 없어요.

Goods
ㄷ자 랙
(무인양품)

주방

92 통조림은 세우지 말고 눕혀야 편리

통조림은 세워서 수납한다는 고정관념을 가지기 쉽지만, 사실은 눕혀야 편합니다. 눕혀서 수납하면 모든 통조림의 라벨이 보이므로 찾는 시간이 절약되고 여분 파악도 쉽습니다.

서랍에 눕히고 라벨이 보이게
딱 들어맞는 서랍이 없다면 시판되는 보관 용기(무인양품 등)를 이용해도 좋아요.

COLUMN
비닐봉지 접는 법

비닐봉지를 깔끔하게 접어두면 자리를 차지하지 않아 좋지만, 접는 수고가 필요합니다. 그렇다고 마구 묶어두면 쓸 때 매듭도 풀어야 하고, 보기도 좋지 않지요. 쉽게 접어 넣었다가 쓸 때 양 끝을 잡아당기기만 하면 되는 간편한 방법을 소개합니다.

1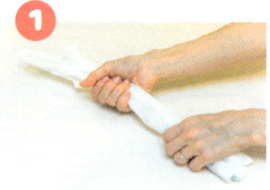

2

3

비닐봉지를 긴 끈 모양(A)으로
얇은 비닐이라면 가볍게 꼬기만 해도 됩니다.

고리 만들어 묶기
평소 묶는 방식대로 고리를 만들고 매듭을 짓되, 고리 안에 A의 끝을 끼우는 것이 아니라 중간 지점을 접어 끼웁니다.

새 고리 속으로 뭉치기
중간 지점을 접어 끼우면 새 고리가 생깁니다. 새 고리 속으로 끈의 양 끝을 밀어 넣어 뭉쳤다가 쓸 때는 양 끝을 좌우로 잡아당기기만 하면 풀립니다.

아이 방

93 가정통신문과 준비물 제자리 정하기

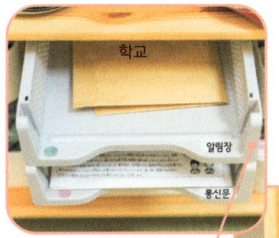

문구류 여분은 눕혀서 수납
학교에서 쓰는 문구는 폴리프로필렌 칸막이 수납함(무인양품)에 종류별로 나눠 수납하고 라벨을 붙입니다.

통신문 수납함은 고정
가정통신문 수납함(Seria)을 2단으로 겹칠 때는 결속 밴드로 고정.

오픈 랙에 수납
책가방은 교과서 등이 들어가면 무거워지므로 아이가 놓기 편한 자리에 눕혀서 수납합니다. 바로 윗단에 교과서를 두면 가방 챙기기도 편해요.

학교에서는 정리 대장인 아이도 집에만 오면 어지럽히기 일쑤지요? 이럴 땐 집에서도 '학교 같은 정리 시스템'을 만들어보세요. 또 책가방을 교과서 바로 아래 단에 두면 가방을 열자마자 필요한 책과 준비물을 챙길 수 있어 아주 편리해요.

가정통신문은 따로 수납함에 보관하세요. 가방에서 꺼내 그대로 통신문 수납함에 쏙 집어넣을 수 있게 이상적인 동선을 짜 보세요. 통신문 수납함은 아이 한 명당 하나씩 준비하세요.

94 장난감은 한 곳에 한 종류 수납공간만큼만 보유

라벨링
내용물을 찍은 사진으로 라벨링 하면 아이가 스스로 정리할 수 있습니다.

서랍 한 칸에 한 종류만 수납
TROFAST(이케아) 서랍장의 한 칸에 장난감 한 종류씩 수납합니다.

장난감은 크기나 모양이 다 다르므로 한 곳에 한 종류만 들어가도록 시스템을 만들어 주세요. 정리함을 통째 꺼내고 통째 제자리에 돌려놓을 수 있으면 정리가 쉽습니다. 또 정리함은 가벼워야 합니다.

또 '장난감은 정리함에 들어갈 만큼만 산다'라고 정해두면 수납공간이 없어 여기저기 장난감이 굴러다니는 일을 막을 수 있습니다.

95 문구는 종류별로 칸을 만들고 제자리에

문구류도 모양이 다양하므로 종류별로 정리함이나 트레이를 마련하면 뒤섞이지 않습니다. 라벨까지 붙이면 찾는 시간도 줄이고 정리하기도 쉬워요.

이렇게 하면 누가 쓰든 제자리에 돌려놓을 수 있습니다. 라벨을 서랍에도 붙여두면 열지 않고도 내용물을 알 수 있습니다.

종류별 칸막이 마련
종류별로 나누어 눕히는 것이 핵심입니다. 사진은 폴리프로필렌 정리함(무인양품)과 폴리프로필렌 책상 정리 트레이(무인양품).

선반·벽장

96 계절 용품은 뚜껑, 바퀴를 이용해 넣고 빼기 쉽게

지퍼백에 수납
수납함이 클 때는 내용물이 뒤섞이지 않도록 장식용품 등은 지퍼백에 넣어 수납합니다.

수납함에 바퀴 부착
파보레누보(니토리) 정리함은 쌓기 좋게 뚜껑이 있고 각진 모양이라 계절 용품 수납에 적합합니다.

Tips
바퀴가 있으면 벽장 깊숙이 넣고 빼기도 편리
깊숙한 벽장은 이불 외 다른 물건을 수납하기에는 의외로 불편합니다. 이때는 수납함에 바퀴를 달아 스트레스를 줄이세요.

크리스마스 소품처럼 일 년에 한 번 쓰는 물건은 벽장 안에서도 가장 안쪽에 수납하는 것이 기본. 이때 핵심은 수납함의 모양입니다. 사용 빈도가 낮은 물건은 뚜껑이 있어야 쌓기도 좋고 먼지도 앉지 않는답니다. 또 바퀴를 부착할 수 있으면 수납함을 쌓은 상태로도 쉽게 넣고 뺄 수 있어요.

뚜껑 있는 수납함은 물건을 넣고 뺄 때 동작 수가 많으므로 자주 쓰는 물건에는 적합하지 않지만, 계절 용품 수납에는 최적입니다.

COLUMN

추억 상자 만들기

정리 수납의 마지막 대상은 추억의 물건입니다. 각별한 애정이 담긴 물건은 정리하기 어렵지요. 아이들 작품을 예로 들텐데, 취미 용품이나 기념품도 같은 방식을 적용하세요.

한 사람당 공간 하나를 정합니다. 우리집에서는 아이들이 자기 작품을 직접 수납하고 관리합니다. 공간이 가득 차면 저와 함께 정리하는데 그때도 '남길지 말지'를 판단하게 합니다.

그런 공간이 있으면 집 안이 잘 어질러지지 않을 뿐 아니라 '그 자리에 넣어두면 된다'라는 마음의 피난처가 되어 좋습니다. 당장 처분하기 싫더라도 반년 뒤에 새 물건을 남기기 위해 원래 물건을 처분할 마음이 생길 수도 있지요. 처분하는 물건은 사진으로 찍어 보관합니다. 물건이 없어져도 추억은 남는다는 기분이 들어 정리에 도움이 됩니다.

오래 남기기로 정한 물건은 별도의 '추억 상자'에 넣어 수납 장소 C로 옮기세요. 가끔 꺼내 보면 추억에 잠길 수 있습니다.

POINT 1 1인당 한 장소 확보
남길지 말지는 본인만 판단할 수 있어요. 그 누구도 간섭하지 않는 '성역'을 만들어 좋아하는 물건을 넣어둡니다.

POINT 2 장소가 꽉 차면 재점검
소중한 물건이라도 양이 늘어나면 공간을 많이 차지하게 됩니다. '지정 장소가 가득 찰 때까지만'이라는 원칙을 세우고 꽉 차면 남길 물건을 취사선택하세요.

POINT 3 '일단' 넣어둘 장소가 있으면 마음이 편하다

아이들 작품 등 매일 넣었다 뺐다 하는 물건은 서랍 상자 등을 손이 잘 닿는 곳에 두면 좋습니다.

POINT 4 반영구적으로 남길 물건은 추억 상자에

일 년에 몇 번 다시 꺼내 볼 물건은 뚜껑 달린 상자에 넣어 벽장 안쪽에 넣어둡니다. 추억 상자도 '한 사람 하나' 등 양을 정하는 것이 중요합니다.

EPILOGUE

수납 덕에 누리는
생활의 여유

시스템이 답이다

수납 시스템에는
라이프 스타일까지 바꾸는 힘이 있습니다.
'공간이 깨끗해지면 좋겠다'라는
단순한 바람이 나다운 삶으로
이어지기 때문입니다.

Epilogue
쾌적함이란 무엇인가?

한때 스스로 정리 정돈을 잘한다고 생각했습니다. 그런데 결혼 후 아이가 생기고 가족이 늘어난 뒤, 문득 돌아보니 온 집 안에 물건이 어질러져 있었습니다.

늘 깔끔한 상태로 지내고 싶은데 정리가 되지 않는 집을 보면서 기분이 좋지 않았고, 점차 '나만 치운다'라며 원망하는 마음도 생겼습니다.

뭔가 해결책이 필요하다고 여기고 정리 수납을 배우다 보니 '문제는 나 자신이나 가족에게 있었던 것이 아니라 시스템에 있었음'을 깨닫게 되었습니다. 그야말로 안개가 걷히는 기분이었습니다. 사람을 바꾸기는 어렵지만, 수납 시스템은 누구나 바꿀 수 있기 때문입니다.

수납 시스템을 이해하고 직접 실천해 보니 어느새 물건을 찾아 헤매는 일이 없어졌습니다. 또 언제부턴지 가족도 자연스레 집안일에 참여하고 있었습니다. 남편은 식사 후 정리를 도맡았고, 놀랍게도 아이들까지 자발적으로 역할을 분담하게 되었습니다.

이쯤 되면 '돕는' 게 아니라 완전한 '집안일 분담'입니다. 집 안이 잘 정리된 건 물론이고 모두의 삶이 통째로 변했다는 사실이 놀라웠습니다.

수납 시스템을 만들면서 얻은 점은 '집이 늘 깨끗하다'라는 눈에 보이는 결과만이 아닙니다. 장점이 그것뿐이었다면 이토록 빠져들지는 않았을 것입니다.

수납 시스템이 준 진짜 선물은 일상의 '쾌적함'입니다.

그리고 다양한 '여유'입니다.

• 시간적 여유

수납이 잘 되면 집안일에 드는 시간이 놀랄 만큼 줄어듭니다.

예컨대 어질러진 물건이 없다 보니 청소하기가 쉬워집니다. 청소 도구도 쉽게 꺼낼 수 있는 곳에 있으니 준비 시간도 따로 들지 않지요.

설령 방치된 물건이 있다 하더라도 되돌려놓을 자리를 알고 있으니 순식간에 치울 수 있습니다.

집안일이 빨리 끝나는 만큼 소중한 가족과 보내는 시간, 취미생활 등 즐거운 일에 쓸 시간이 늘어납니다. 아무것도 하지 않고 그저 편안히 보내는 시간도 늘어납니다.

그 결과, 아이를 키우면서 회사를 만들었고 SNS 홍보, 상품 개발 등 나름대로 일터와 가정에서의 시간을 즐겼습니다.

그뿐 아니라 물건을 찾아 헤매는 시간이 없어졌습니다.

평균적으로 물건을 찾는 데만 하루 30분을 낭비한다는 통계가 있습니다. 일 년이면 10,950시간, 일주일 넘는 시간을 물건 찾는 데에만 보낸다는 말입니다. 이 같은 낭비를 없애는 것만으로도 휴가를 한 번 더 쓸 수 있는 셈이지요.

• 공간적 여유

정리 정돈이 끝나면 가장 먼저 '물건은 조금만 있어도 사는 데 지장이 없구나. 오히려 적으니 편하구나.'라는 사실을 깨닫고 놀라게 됩니다.

또 물건 중심이었던 공간이 사람 중심의 삶의 터전으로 변하는 데 또 한 번 놀라게 됩니다.

집이 좁았던 건 환경 탓도, 금전적 제약 탓도 아닌 '쓰지도 않는 물건 탓'이었던 것입니다. 방 3개짜리 평범한 아파트에서 4인 가족이 살지만, 이제는 집이 좁다는 느낌이 들지 않습니다.

게다가 집 안 공간이 넓어지니 청소도 하기 쉬워 늘 깔끔한 상태가 유지되고 편안하게 쉴 수 있습니다. 이제는 매일 꽃까지 꽂아두고 살지요.

• 금전적 여유

수납을 잘하면 낭비가 사라집니다.

가진 물건을 모두 파악하고 있으면, 두 번 사지 않아도 되니 불필요한 지출이 사라집니다. 그리고 정말 필요한지 바로 알 수 있으니 무엇을 사야 할지가 '명확해'집니다.

무엇보다 분류 단계에서 정말 좋아하는 물건을 골라내는 과정을 거치기 때문에 자연스럽게 현재 가진 것을 소중하게 여기는 마음이 생깁니다. 이렇게 되면 자연히 물욕이 채워져서 결과적으로는 '지금 가진 것만으로 충분하다'라는 느낌이 들게 됩니다.

- **심적 여유**

좋아하는 물건에 둘러싸여 좋아하는 일을 원하는 만큼 원하는 방향으로 끌어나갈 수 있는 삶은 참으로 행복한 삶입니다.
어질러진 집이 주는 답답함에서 해방되기만 해도 편안한 시간이 늘어납니다. 집에 지인들을 불러 즐거운 시간을 함께 보내기만 해도 행복을 느낄 수 있어요.

가족과 같이 사는 사람은 가족 모두가 집안일에 참여하게 되기 때문에 '○○ 좀 해', '왜 ○○ 하지 않니?'라는 부정적인 말 대신 서로 '고마워'라고 말할 기회가 늘어납니다.

감사를 표현하는 제가 스스로 아주 마음에 듭니다.
이렇게 매일 웃으면서 살 수 있다니 예전엔 생각지도 못한 일입니다.

물건을 선택한다는 것은
어떻게 살지 선택하는 것

우리는 매일 무언가를 선택하며 살아갑니다. 돈을 주고 물건을 살 때만 그런 것은 아닙니다. 화장품 샘플, 길에서 건네주는 전단에 이르기까지 온갖 것들을 '받을지 말지' 선택하지요. 무심코 물건을 받아 들고 집으로 가면, 집 안 물건은 또 하나 늘어납니다.

가령 4인 가족이 매일 하나씩 물건을 들고 집으로 돌아온다면 일 년에 1,460개의 물건이 집 안에 생기게 됩니다. 그 모두가 '정말 필요한 것'이었을까요? 공짜라서, 할인해서, 언젠가 쓸 수도 있으니까… 등의 이유로 쌓아둔 물건이 소중한 주거 공간을 조금씩 잠식하는 것은 안타까운 일입니다.

무엇을 선택하고 무엇을 선택하지 말지에 관한 판단이 현재의 자신을 만듭니다.

여기까지 읽은 분들은 이해하시겠지만, '물건을 선택한다'는 것은 '어떻게 살지'를 선택하는 것과 같습니다. 그래서 앞에서 '중심축'에 관해 이야기했던 것입니다. 자기 중심축에 따라 고른 것이 이상적인 삶을 만드는 데 도움을 주지요. 많은 물건에 둘러싸여 사는 것이 행복인지, 신중하게 고른 소중한 물건만 남기는 것이 행복인지, 답은 자연히 드러나게 되어 있습니다.

물론 저도 가끔 헤맬 때가 있습니다. 쇼핑하다가 원칙을 어길 뻔한 일도 있어요. 그때마다 제 중심축을 떠올리면 흔들리지 않게 됩니다.

저는 시간적, 공간적, 금전적, 심적 여유와 이상적인 삶을 얻었습니다. 그래서 더 많은 분이 같은 경험을 하면 좋겠다는 생각에서 정리 수납 어드바이저가 되었고 세미나와 강좌, SNS를 통해 활동하고 있습니다. '삶의 질이 나아졌다.', '이렇게 살고 싶었다.'라는 등의 호응이 큰 힘이 되고 있습니다.

이 책을 내게 된 것도 바로 그런 호응 덕분입니다. 함께 일한 여러분께도 감사를 전합니다.

이 책에는 어려운 내용이 없습니다. 누구나 큰돈 들이지 않고 쉽고 시작할 수 있는 내용입니다. 이제 지식은 충분하니 남은 건 행동뿐입니다.

내일부터가 아니라 지금부터 시작해 보세요.

지금 여러분 옆에 지갑이 있습니까? 우선은 지갑 내용물을 정리해 보세요. 서랍 하나 분량의 양말이라도 '눕혀서 수납'해 보는 건 어떨까요?

작은 실천 하나하나를 모아 인생 전체를 바꾸는 큰 에너지로 발전시켜 보세요. 이 책을 통해 여러분의 인생이 더 풍성해지기를 기원합니다.

아카쿠 유리

수납 못하는 사람을 위한
수납책

1쇄 펴낸날 2024년 2월 26일

지은이 아카쿠 유리
옮긴이 정문주
펴낸이 정원정, 김자영
편집 홍현숙
디자인 이유진

펴낸곳 즐거운상상
주소 서울시 중구 충무로 13 엘크루메트로시티 1811호
전화 02-706-9452
팩스 02-706-9458
전자우편 happydreampub@naver.com
인스타그램 @happywitches
출판등록 2001년 5월 7일
인쇄 천일문화사

ISBN 979-11-5536-210-5 (13590)

- 이 책의 모든 글과 그림, 디자인을 무단으로 복사, 복제, 전재하는 것은 저작권법에 위배됩니다.
- 잘못 만들어진 책은 서점에서 교환하여 드립니다.
- 책값은 뒤표지에 있습니다.
- 전자책으로 출간되었습니다.

ATARASHII SHUNO NO KYOKASHO
「UKASERU」「TATASERU」「NEKASERU」DE DONNA IE MO KATAZUKU
© Yuri Akaku 2022
First published in Japan in 2022 by KADOKAWA CORPORATION, Tokyo.
Korean translation rights arranged with KADOKAWA CORPORATION, Tokyo
through TUTTLE-MORI AGENCY, INC., Tokyo, through Botong Agency, Seoul.

이 책의 한국어판 저작권은 Botong Agency를 통한 저작권자와의 독점 계약으로 즐거운상상이 소유합니다.
신 저작권법에 의하여 한국 내에서 보호를 받는 저작물이므로 무단전재와 무단복제를 금합니다.